Mit Kindern
das Kirchenjahr
erleben

Gertrud Weidinger

Mit Kindern das Kirchenjahr erleben

Christliche Feste feiern und verstehen

Weltbild

Inhalt

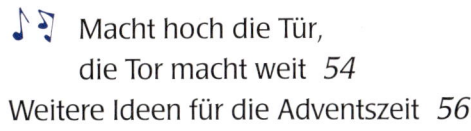

Inhalt

🍴 Rezept · ♪♬ Sing- oder Spiellied · ✂ Basteln

Vorwort

Das Jahr ist so bunt und vielfältig wie das Leben. Es reicht vom blühenden Apfelbaum über das satte Grün der Sommerwiese, das leuchtende Rot reifer Äpfel bis hin zum Grau und Weiß von Frost und Schnee. All das kann im Verlauf eines Jahres entdecken, wer mit offenen Augen durch die Natur geht. Pflanzen und Wachsen, Blühen und Vergehen, Ernten und Absterben kennzeichnen den Jahreslauf, geben auch dem Leben des Menschen Gliederung und Rhythmus: Tage voll behutsamen Hoffens und sprühender Lebensfreude wechseln sich ab mit Tagen angstvollen Zweifelns und tiefer Traurigkeit. Die Gezeiten der Natur geben den Zeittakt an. Aber daneben leben wir in weiteren Jahreskreisen: im Kalenderjahr, im Schuljahr, im Geschäftsjahr. Auch die christlichen Kirchen haben ihren eigenen Jahreskreis: das Kirchenjahr. Dessen Grundmuster bilden Ereignisse im Leben Jesu. Gleichzeitig stellt es jedoch mit seinen Festtags-Bräuchen eine Beziehung her zu den Abläufen in der Natur.

Verschiedene Jahreskreise prägen unser Leben. Im Brauchtum des Kirchenjahres suchen Menschen eine tiefere Deutung der Ereignisse in der Natur und im Leben Jesu.

Dieses Buch will Eltern und Kinder, die ganze Familie, dazu anregen, dem Sinn der Feste im Kirchenjahr auf die Spur zu kommen mit Hilfe von wichtigen Informationen, einfachen Bastelvorschläge, leckeren Kochrezepten, originellen Geschenkideen, alten und neuen Liedern, beliebten Spielen, Geschichten zum Erzählen, Gedichten zum Vorlesen und anderes mehr.

Akzente setzen

Der Strom der Zeit fließt mehr oder weniger gleichförmig dahin. In einem Leben ohne Höhepunkte macht sich Langeweile breit. Die Orientierung droht verlorenzugehen wie bei einer Wüstenwanderung. Wir brauchen markante Orientierungspunkte und einen Kompass, an denen wir unseren Weg ausrichten – auch unseren Weg durch das Jahr und das Leben. Die Feste des Kirchenjahres stellen solche Markierungen und zugleich Gestaltungsmittel zur Verfügung. Sie helfen uns, Akzente zu setzen, die das graue Allerlei unterbrechen durch Höhepunkte, auf die alles zustrebt, und durch Ruhezeiten, um innezuhalten und sich zu vergewissern. Kinder scheinen solche »Unterbrechungen« noch nötiger zu haben als Erwachsene. Wie fiebern sie z. B. dem Weihnachtsfest entgegen! Sie können es kaum mehr erwarten, lesen am Adventskalender ab, wie oft sie noch schlafen müssen, genießen die Vorfreude in vollen Zügen und bereiten sich voller Ernst auf das Fest vor.

In der Feier des Kirchenjahres kann Jesus zum Kompass für das eigene Leben werden.

Dem Zusammenleben Richtung und Ziel geben

Das Kirchenjahr vermag also die Zeit zu gliedern mit seiner geheimnisvollen Ordnung. Es gilt, Jahr für Jahr dieser Ordnung, ihrem Geheimnis, ihrem Ursprung und verborgenen Sinn ein Stück näher zu kommen. Jeder Mensch, jede Generation muss sie neu für sich finden. Jede Familie hat dabei die Freiheit, nach Ausdrucksformen Ausschau zu halten, die ganz auf ihre Situation zugeschnitten sind: Was in der einen Familie noch ganz natürlich mit religiösen Bildern, geistlichen Liedern und biblischen Texten gedeutet und erlebt werden kann, ist in einer anderen erst mit erhöhter Anstrengung von Überwucherungen zu befreien und nach kritischer Prüfung in neue Worte und Symbole zu kleiden. Dieses Buch sucht nach einem gangbaren Mittelweg. Wichtig ist der lebendige Austausch, die inhaltliche Auseinandersetzung und das Ringen um Einverständnis. Angezielt ist eine Festgestaltung, die alle mit ihrem Glauben, ihren Bedenken und Fähigkeiten zum Zug kommen lässt – auch schon die Kleinsten! So kann das Familienleben durch die Feier des Kirchenjahres Richtung, Ziel und Tiefe gewinnen. Dabei kann sich der Glaube neu bewähren, dass den Menschen in Jesus Christus ein Kompass, ein Modell gegeben ist, wie Leben gelingen kann. Jesus selbst hat es so formuliert: »Ich bin gekommen, dass sie das Leben haben, Leben in Fülle.« (Joh 10, 10)

Das Kirchenjahr im Überblick

Auch die Kirche hat ihren eigenen Jahreskreis: das Kirchenjahr. Er wird auch christlicher Jahreskreis genannt. Festkreise, Festzeiten und Festtage geben ihm einen ganz eigenen Charakter. Wenn wir diese Feste bewusst wahrnehmen und mitfeiern, können wir den Lauf eines Kirchenjahres intensiv miterleben. Inhalt und Ziel dieser Feste gewinnen Gestalt.

Der Weihnachtsfestkreis

Das christliche Kirchenjahr beginnt vier Sonntage vor dem Heiligen Abend mit der Adventszeit. Advent – das ist die Wartezeit auf die Geburt des Erlösers, der der Welt Hoffnung und Frieden bringen soll. Mit seinem Geburtsfest, dem Heiligen Abend, beginnt für uns Christen die eigentliche Weihnachtszeit. Das Fest der Heiligen Drei Könige (Epiphanie) am sechsten Januar schließt die Weihnachtszeit feierlich ab.

Der Osterfestkreis

Beginn der Osterfestzeit ist die Fastenzeit. Das sind sechs Wochen, die auf Ostern vorbereiten. Die letzte Woche dieser Fastenzeit beginnt mit dem Palmsonntag. Die dann folgende Woche hieß früher Karwoche. Gründonnerstag, Karfreitag und Karsamstag erinnern an die Leidenszeit und den Tod Jesu. Den Zielpunkt, auf den im Kirchenjahr alles hinstrebt, bildet das größte christliche Fest: Ostern. Jesus hat stellvertretend für uns alle den Tod überwunden und ist auferstanden. 40 Tage nach der Auferstehung feiern wir das Fest Christi Himmelfahrt. Jesus kehrt zu seinem Vater in den Himmel zurück. Er verspricht, immer bei den Menschen zu sein und fordert alle Menschen auf, seine Botschaft weiterzusagen. Dazu schenkt er den Menschen Kraft und Begeisterung. Deutlich wird dieses Versprechen am Pfingstfest, 50 Tage nach Ostern. Gott sendet seinen Geist. Damals begannen die Jünger von Jesus zu erzählen. Viele Leute ließen sich daraufhin taufen. So entstand die erste Gemeinde von Christen. Mit Pfingsten ist die große Osterzeit beendet.

Das Datum des Ostersonntags verschiebt sich jährlich: Ostern fällt immer auf den folgenden Sonntag nach dem ersten Frühlingsvollmond. Dementsprechend liegt auch der Aschermittwoch 40 Tage (ohne die Sonntage gerechnet) vor Ostern.

Die Zeit zwischen den Festkreisen

Zusätzlich, manchmal gleichzeitig zu den beiden großen Festkreisen, die im Leben Jesu verankert sind, gibt es weitere Feste im Kirchenjahr. Sie sind mit der Natur, den jeweiligen Monaten und Jahreszeiten verknüpft: So ist mit dem Monat Oktober der Dank für die Ernte verbunden, das Erntedankfest. Das Sterben in der Natur erinnert daran, dass auch wir Menschen sterben werden. Deshalb feiern wir am 2. November die Feste Allerheiligen und Allerseelen.

Heiligenfeste im Kirchenjahr

Und schließlich erinnert das Kirchenjahr mit seinen zahlreichen Heiligenfesten an bedeutende Frauen und Männer, die von der Botschaft Jesu, besonders begeistert waren und in seinem Sinne den Menschen viel Gutes getan haben. Dazu gehören unter anderem der heilige Martin, die heilige Barbara, der heilige Nikolaus, die heilige Lucia und viele andere (bekannte und weniger bekannte) Heilige; ihre Feste begehen wir meist an deren Todestagen. Die zahlreichen Marienfeste im Kirchenjahr beziehen sich auf spezielle Ereignisse aus dem Leben der Gottesmutter. In der katholischen Kirche werden viele Heilige zugleich als Namenspatrone für die Kinder ausgesucht. Am jeweiligen Heiligenfest wird der Namenstag gefeiert. Oft sind die heutigen Namen so verändert, dass viele nicht mehr wissen, wann sie ihren Namenstag feiern können.

Aus	Namenstag	wurde
Agnes	21. 1.	Ines, Ina
Alexander	19. 5.	Alex, Sandra, Sascha, Saskia
Anna	26. 7.	Anita, Anja, Anke, Annette, Antje, Anuschka, Nadja, Nana, Nancy
Benjamin	31. 3.	Ben, Benny
Bernhard	20. 8.	Björn
Christian	4. 12.	Karsten, Kirsten, Kerstin, Nina, Ninette
Cornelia	31. 3.	Nelly, Neli
Dieter	27. 1.	Dirk, Thilo
Dionysius	6. 2.	Denis, Denise
Dorothea	6. 2.	Doris, Dolly, Dorte, Dörte, Thea
Elisabeth	19. 11.	Alice, Elke, Ellen, Bettina, Elise, Isabella
Heinrich	13. 7.	Harry, Heiko, Heino, Henriette
Joachim	26. 7.	Achim, Haiko oder Hajo (= Hans-Joachim), Jochen, Jockel
Johannes	24. 6.	Hans, Jenny, Jens, Janosch, Juan, Jan
Katharina	25. 11.	Karin, Kathrin, Kathy, Katja, Katinka
Maria	12. 9.	Marietta, Marina, Marion, Muriel
Margareta	20. 7.	Marga, Margit, Margot, Peggy
Patrick	17. 3.	Pat, Patricia
Wilhelm	28. 5.	Willi, Wim, Wilma, Min(n)a
Wolfgang	31. 10.	Ulf

Die Kirchenjahr-Uhr

Erst ab dem zweiten Jahrhundert [...] sich nach und nach der heutige
Kalender für das Kirchenjahr heraus, so wie [...]. Mit [...] unserer Uhr bekommen Sie eine [...] das Kirchenjahr; zum anderen können Sie [...] normalen Jahreslauf setzen. Ähnlich [...] [...]
Sie hier die Abfolge von Adv[...]zeit
ablesen und den entspreche[...]. Uhr
zeigt das Jahr 1998. In der [...] von
Aschermittwoch bis Pfingsten [...]

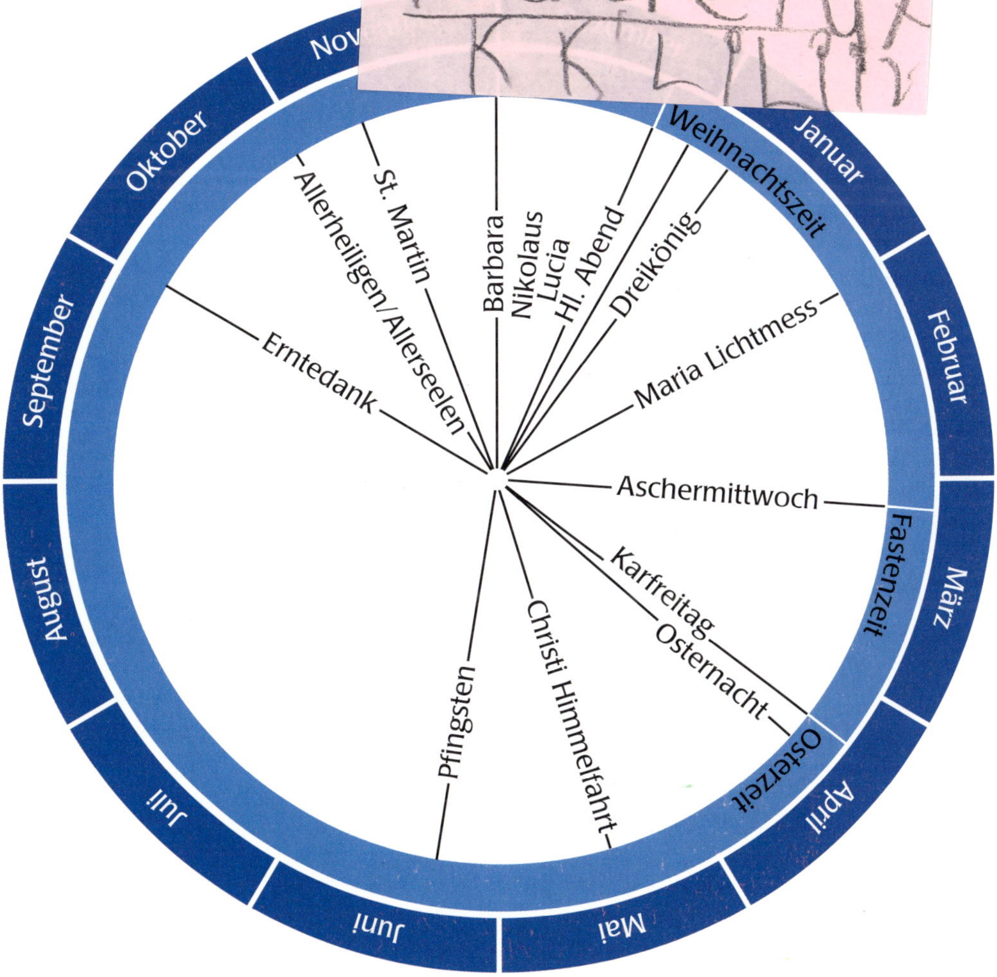

13

Der Weihnachts-festkreis

Der Weihnachtsfestkreis wird durch die besinnliche Adventszeit eröffnet. Wir bereiten uns auf das Fest der Geburt Jesu vor. Der 1. Weihnachtsfeiertag ist Höhepunkt dieser Zeit. Am Fest Epiphanie, also Heilige Drei Könige, schließt sich der Weihnachtsfestkreis.
Die folgenden Seiten geben Anregungen, diese Zeit mit Kindern zu entdecken und neu zu erleben.

Die Adventszeit

Der Advent beginnt mit dem vierten Sonntag vor Weihnachten. Manche alte Volksbräuche in der Adventszeit gehen zum Teil auf heidnische Vorstellungen zurück. Die ersten Spuren einer christlichen Adventsliturgie finden sich um die Mitte des fünften Jahrhunderts in Kleinasien und im italienischen Ravenna. Erst nach dem Ersten Weltkrieg bürgerte sich in christlichen Kreisen der Adventskranz aus Tannengrün mit vier Kerzen ein.

Warten gehört zum Leben

Schon ein kleines Kind lernt zu warten. Die Eltern können nicht immer und sofort zur Stelle sein, wenn sie gebraucht werden. In der Schule müssen Geduld und Warten weiter geübt werden, denn nicht jedes Kind lernt gleich schnell. Auch wir Erwachsene leben mit diesem Phänomen. Das macht uns manchmal ungeduldig, unleidlich, ja sauer. Wir haben scheinbar verlernt zu warten. Alles muss schnell und ohne Verzögerung gehen. Betrachtet man kleine Kinder, kann man neu lernen, dass im Warten auch ein Stück Erwartung und Vorfreude stecken, die unser Erleben intensiver machen.

Erwartung

Die Kindlein sitzen im Zimmer –
Weihnachten ist nicht mehr weit –
bei traulichem Lampenschimmer
und jubeln: »Es schneit! Es schneit!«

Das leichte Flockengewimmel,
es schwebt durch die Nacht
herunter vom hohen Himmel,
vorüber am Fenster sacht.

Und wo ein Flöckchen im Tanze
an den Scheiben vorüberschweift,
da flimmert's in silbernem Glanze,
vom Lichte der Lampe bestreift.

Die Kindlein sehn's mit Frohlocken.
Sie drängen ans Fenster sich dicht.
Sie verfolgen die silbernen Flocken ...
Die Mutter lächelt – und spricht:

»Wisst, Kinder, die Engelein schneidern
im Himmel jetzt früh und spät.
An Puppendecken und Kleidern
wird auf Weihnachten genäht.«

Da fällt von Säckchen und Röckchen
manch silberner Flitter beiseit',
vom Bettchen manch Federflöckchen.
Auf Erden sagt man: »Es schneit!«

Karl Gerok, 1880

Der Evangelist Lukas: Bereitet dem Herrn den Weg

Der Prophet Johannes zog in die Gegend des Flusses Jordan. Dort rief er die Menschen zur Umkehr auf und verkündete:

> Bereitet dem Herrn den Weg!
> Ebnet ihm die Straßen!
> Jede Schlucht soll aufgefüllt werden,
> jeder Berg und Hügel sich senken.
> Was krumm ist, soll gerade werden.
> Was uneben ist, soll zum ebenen Weg werden.
> Und alle Menschen werden das Heil sehen, das von Gott kommt.

Lukas 3, 4–6; um 70 n. Chr.

Wir sagen euch an ...

2. Wir sagen euch an den lieben Advent.
Sehet, die zweite Kerze brennt!
So nehmet euch eins um das andere an,
wie auch der Herr an uns getan.

3. Wir sagen euch an den lieben Advent.
Sehet, die dritte Kerze brennt!
Nun tragt eurer Güte hellen Schein
weit in die dunkle Welt hinein!

4. Wir sagen euch an den lieben Advent.
Sehet die vierte Kerze brennt!
Gott selber wird kommen, er zögert nicht.
Auf, auf, ihr Herzen, werdet licht!

Text: Maria Ferschl
Melodie: Heinrich Rohr

Advent, das heißt warten und hoffen – heute und früher

Die langen Abende im Advent laden dazu ein, Kerzen zu entzünden, zu lesen, zu spielen, Geschenke zu basteln, Plätzchen zu backen und zu verzieren, Weihnachtsvorbereitungen zu treffen. Alle warten auf Weihnachten, die Kinder ganz besonders.

Die Hoffnung des Volkes Israel

Advent ist die Zeit des Wartens. Wenn wir auf einen Gast warten, erwarten wir seine Ankunft – genau das meint Advent. Advent ist die Wartezeit auf die Ankunft Jesu. Wir denken in der Zeit des Advents daran, dass das Volk Israel viele tausend Jahre lang auf den Erlöser wartete, der es aus ihrer Unterdrückung und dem Elend herausholen sollte. Gott hatte den Retter versprochen. Aber manche Israeliten glaubten gar nicht

Nehmen Sie in dieser Zeit die alltäglichen Wartezeiten ganz bewusst wahr, und nutzen Sie diese zum tiefen Luftholen!

mehr, dass Gott sein Versprechen einlösen würde. Sie erlebten Not und Streit, Zerstörung und Krieg. Aber es gab auch immer wieder Menschen, die ganz fest daran glaubten, dass der Retter kommen würde. Sie beteten und riefen unermüdlich: »Gott, schicke uns bald den Retter, den Erlöser!« So warteten sie – sehr lange. Und endlich wurde der Erlöser, sie nannten ihn Messias, geboren! Das war vor ungefähr 2000 Jahren. Jesus ist also tatsächlich auf die Welt gekommen. Das Warten hatte mit seiner Geburt ein Ende. Jedes Jahr im Advent erinnern wir uns an diese lange, lange Wartezeit des Volkes Israel, und freuen uns dann umso mehr über das Geburtstagsfest Jesu.

Jesus bringt die Botschaft der Liebe

Leider bestätigte sich die Hoffnung der Israeliten, nun wäre sofort Friede in ihrem Volk, nicht. Bis heute gibt es Kriege, Verbrechen und Ungerechtigkeiten – auch bei uns. Aber Christen glauben: Jesus hat die Botschaft der Liebe auf die Erde gebracht, mit Jesus hat der Friede unter den Menschen zumindest ansatzweise begonnen. Menschen, die Gutes tun, arbeiten mit am Frieden für die Welt. So warten sie darauf, dass einmal endgültig Gottes Welt hier auf der Erde Wirklichkeit wird, und eine Zeit kommt, in der es keinen Schmerz und keinen Kummer mehr gibt. Im Neuen Testament können wir lesen:

> Er wird in ihrer Mitte wohnen, und sie werden sein Volk sein;
> und er, Gott, wird bei ihnen sein.
> Er wird alle Tränen von ihren Augen abwischen:
> Der Tod wird nicht mehr sein, keine Trauer, keine Klage,
>   keine Mühsal.
> Denn was früher war, ist vergangen.

Offb 21, 3b–4

Beliebte Weihnachtssterne

In diesen Tagen wird es draußen schon sehr zeitig dunkel, und die Nächte werden zunehmend länger. Die Natur zeigt sich jetzt von ihrer grauen und kahlen Seite. In vielen Häusern erblühen nun die Christsterne. Der Christstern, der auch Weihnachtsstern heißt, hat sternförmige Blüten, die intensiv rot leuchten. Er blüht bei uns als Zimmerpflanze im Dezember und ist seit jeher ein beliebtes Weihnachtsgeschenk für Bekannte und Nachbarn. Am wohlsten fühlt er sich am warmen Südfenster ohne Zugluft; kaltes Gießwasser benutzt man für ihn besser nicht. Eigentlich stammt der Weihnachtsstern aus Mittel- und Südamerika, wo ihn 1828 ein nordamerikanischer Gesandter entdeckte. Keine sechs Jahre später erfreute sich das Wolfsmilchgewächs auch in Europa großer Beliebtheit.

Der Tannenbaum, die Christrose und Mistelzweige

Der Baum des Monats Dezember ist zweifellos der Tannenbaum. Zunächst flechten wir aus seinen Zweigen den Adventskranz, die Adventspyramide oder gar einen Adventsbaum. An Heiligabend schmücken wir einen Tannenbaum festlich und legen die Geschenke darunter.

Als Gartenblume des Dezembers gilt die Christrose: Sie stammt aus dem südlichen Mitteleuropa und gehört zur Gattung der Hahnenfußgewächse. Ihren Namen trägt sie, da sie bei uns zwischen November und Februar im Garten wächst und blüht; fünf zarte weiße oder blassrosa Blütenblätter schützen dabei die gelben Staubgefäße. Im Zimmer lässt sich die Christrose (auch Schneerose) nur als Schnittblume halten. Sie soll kühl stehen.

Eine ganz eigene Bedeutung kommt in der Adventszeit den Mistelzweigen zu. Sie sitzen vorzugsweise auf den Ästen knorriger Bäume, wo sie das Wasser und die Nährsalze des Baumes aufsaugen – sie werden deshalb auch als Schmarotzer bezeichnet. Im Dezember haben sie fleischige, gelblich-grüne Blätter, an denen mehrere kleine weiße Beeren hängen. Und weil die Mistel auch im Winter so gut gedeiht, gilt sie seit uralter Zeit als Symbol für Unsterblichkeit. Die Germanen sahen in ihr ein Sinnbild für die heilenden Kräfte in der Natur, und die alten Römer glaubten daran, dass die Mistel guten Schlaf schenkt. Noch heute kommt ihr in der Naturmedizin eine große Bedeutung als immunstimulierendes Mittel zu. In vielen Familien werden Mistelzweige als Schmuck an die Haustür gehängt, sie sollen als Weihnachtssymbol die Besucher des Hauses begrüßen.

Am Kranz die erste Kerze brennt

1. Am Kranz die ers-te Ker-ze brennt. Wir al-le fei-ern den Ad-vent. Ich will dir heim-lich sa-gen, was ich wünsch' in die-sen Ta-gen: Leuch-te, leuch-te in die wei-te Welt, Licht, das uns er-hellt. Leuch-te, leuch-te in die wei-te Welt, Licht, das uns er-hellt.

2. Am Kranz die zweite Kerze brennt, wir alle feiern den Advent.
Ich will dir heimlich sagen, was ich wünsch' in diesen Tagen:
»Leuchte, leuchte in die weite Welt, Licht, das uns erhellt.«

3. Am Kranz die dritte Kerze brennt, wir alle feiern den Advent.
Ich will dir heimlich sagen, was ich wünsch' in diesen Tagen:
»Leuchte, leuchte in die weite Welt, Licht, das uns erhellt.«

4. Am Kranz die vierte Kerze brennt, wir alle feiern den Advent.
Ich will dir ganz laut sagen: »Komm, wir wollen uns vertragen.
Frieden, Freude uns und aller Welt, Licht, das uns erhellt.«

Text: Barbara Cratzius
Melodie: Ludger Edelkötter

20

Der festliche Adventskranz

Das eigentliche Sinnbild für die Adventszeit ist der Adventskranz. In ihm verbinden sich drei wichtige Symbole: der Kreis, das Grün und die Kerze. Der Kreis ist lebendiges Zeichen für Ganzheit und Harmonie. Er will uns im Advent sagen: Gott hat versprochen, die Erde ganz zu machen. Sie soll rund und ohne Kanten sein, ohne Anfang und Ende. Das ist

Das Grün des Adventskranzes steht für die Hoffnung: Der Geruch, die Frische und das Grün erinnern an das Leben, an den Sommer. Gleichzeitig schenkt das Grün Hoffnung auf das nächste Frühjahr. Es sagt: Du kannst hoffen, es kommt wieder Leben, alles wird wieder grün!

ein Zeichen dafür, dass Gott uns seine neue Welt in Aussicht gestellt hat. Der Kranz meint aber auch: Ich vergesse dich nicht! Deshalb legen wir bei der Beerdigung eines lieben Menschen einen Kranz auf das Grab. Und gleichzeitig ist der Kreis auch ein Ring: Gott hält zu uns. Er sagt: »Ich halte zu dir, jeden Tag, ob es dir gut geht oder schlecht geht, ich bin bei dir. Ich bin der ›Ich-bin-da‹.«

Du bist Vater und Mutter, Schwester und Bruder

Melodie: Ludger Edelkötter　　　*Text: Rolf Krenzer*

Die Kerzen des Kranzes bedeuten Lebendigkeit, Licht, Helligkeit. Die Kerzen sind Erinnerung an das Licht des Sommers, an die Wärme und die vielgestaltige Lebendigkeit. Deshalb trägt sie in sich diese Aussage: »Ich bin lebendig und hell wie der Sommer. Ich verbreite Wärme, du kannst dich geborgen fühlen. In aller Dunkelheit deines Lebens stehe ich dafür, dass es wieder hell wird, dass neues Leben möglich ist.« Für jeden Sonntag in der Adventszeit steht ein Kerzenlicht – das ergibt vier Kerzen. Mit jeder wird es heller. Die Zahl vier hat eine große Bedeutung in der Ordnung der Welt: Es gibt vier Himmelsrichtungen, vier Jahreszeiten, vier Altersstufen (Kind, Jugendlicher, Erwachsener, Senior).

Der Adventsbaum

Aus Skandinavien kommt der Brauch, einen Adventsbaum zu bauen. In manchen Orten verzichtet man sogar auf einen Weihnachtsbaum und schmückt statt dessen den Adventsbaum weihnachtlich. Weil ein solcher Adventsbaum viele Jahre hintereinander aufgestellt wird, sollte er stabil sein. Am besten ist, sich im Baumarkt oder der Holzhandlung die Fichtenbretter zurechtsägen zu lassen. Sie werden dann zu Hause lackiert und mit dem Hauptstamm verfugt, wie die folgende Abbildung zeigt. (Nur in Notfällen sollten der Hauptstamm und die Bretter verklebt werden.)

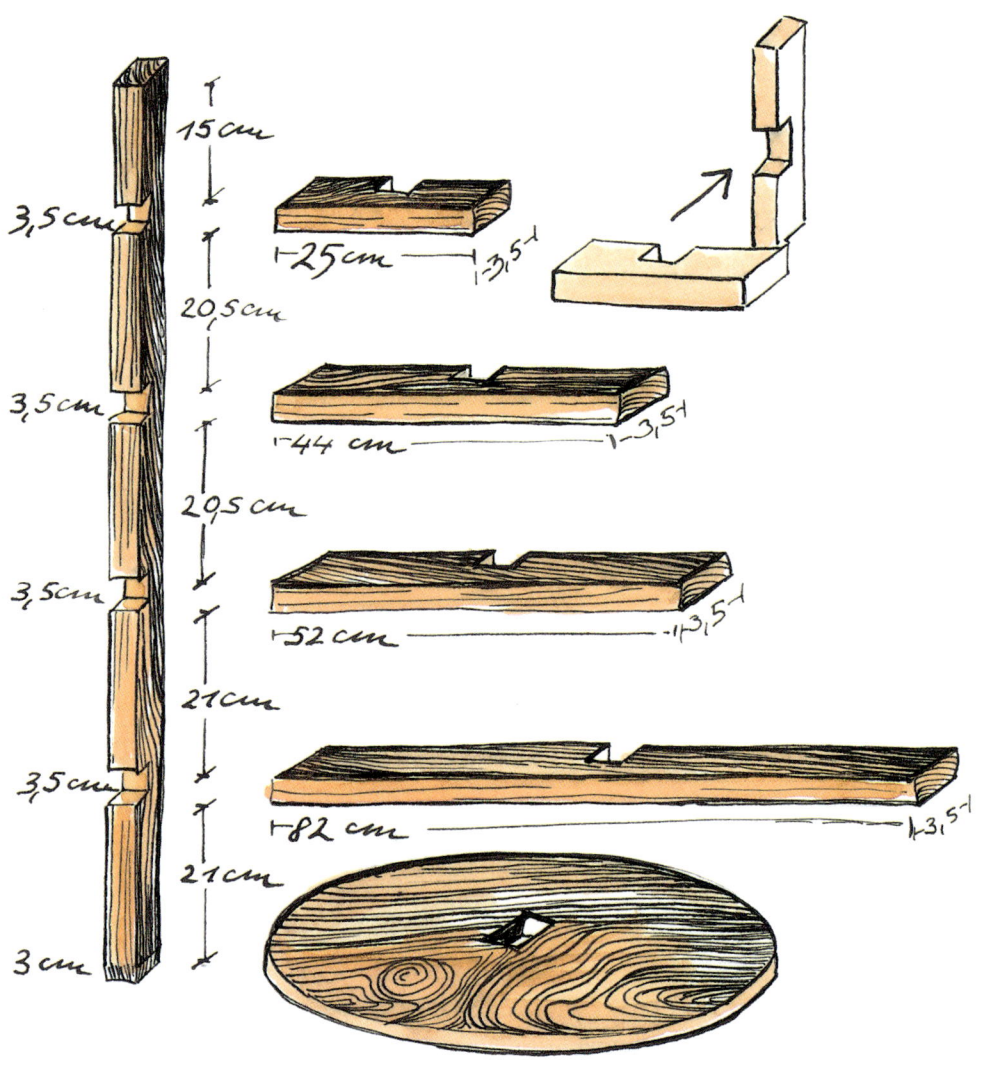

So schmücken Sie Ihren Adventsbaum

MATERIAL
- *Blumendraht*
- *Tannenzweige*
- *Mindestens 4 Kerzenhalter*
- *Lebkuchen, Äpfel, Nüsse*
- *Strohsterne, kleine Krippen-figuren*
- *Mindestens 4 Kerzen*

1 Umwinden Sie den Baum mit Blumendraht und kleinen Tannen-zweiglein.

2 Drücken Sie an beliebiger Stelle die Kerzenhalter mit dem Dorn in die Tannenzweige und das Holz ein – dazu braucht man etwas Finger-spitzengefühl. Fertig.

3 Auf die breiten Tragflächen kön-nen Sie jeden Tag etwas draufstel-len oder anhängen (einen selbst gebackenen Lebkuchen, Äpfel, Nüsse, Strohsterne, kleine Krippenfiguren) – er wird so von Tag zu Tag reicher und schöner. An jedem Advents-sonntag wird eine der vier Kerzen mehr entzündet.

Vom Advents- zum Weih-nachtsbaum

Wer den Adventsbaum auch als Weihnachtsbaum benutzen will,

putzt ihn am Heiligen Abend noch einmal richtig heraus: Tannengrün austauschen oder nachlegen, auf jeder Tragfläche zwei Kerzen an-bringen, kleine Geschenke und Weihnachtsschmuck dranhängen – eine Arbeit, die Kindern und Eltern gleichermaßen Spaß macht und auf den heiligen Abend einstimmt.

Der Adventskalender

Was wäre die Adventszeit ohne Adventskalender? Die meisten Adventskalender zeigen uns ein großes Bild, zum Beispiel die Häuser einer kleinen Stadt in der Winterlandschaft oder den Heiligen Nikolaus, der auf einem Schlitten durch die verschneite Landschaft fährt …

An jedem Tag (vom 1. Dezember an) dürfen wir in dem großen Bild ein kleines Türchen öffnen – dahinter verbirgt sich ein kleines Fensterbild. Am 24. Dezember schließlich wird das schönste und prächtigste Fensterbild geöffnet: Jesus liegt in der Krippe, oder ein leuchtender Christbaum erstrahlt, unter dem üppige Geschenke liegen.

Zu einem **Bildkalender** gehört ein Ausschneidebogen. Darauf befinden sich kleine Bilder zu den entsprechenden Gedichten. Die Kinder schneiden jeden Tag ein Bild aus und kleben es zu dem jeweiligen Gedichtchen. So entsteht eine Bildergeschichte, die schon die Kleinsten durch den Advent führen kann.

Der Legende nach sollen die ungeduldigen Fragen eines Kindes der Anstoß zum Adventskalender gewesen sein: Die geplagte Mutter nahm einen großen viereckigen Karton und malte 24 Felder auf – für jeden Tag ein Feld. Auf jedes Feld steckte sie eine kleine Süßigkeit. Das Kind durfte täglich ein Feld abräumen und wusste nun, wie viele Tage es jeweils bis Weihnachten noch waren. Das soll sich vor knapp einhundert Jahren zugetragen haben.

Etwas ganz Besonderes ist ein **Erzählkalender,** der ähnlich wie der Bildkalender funktioniert: Ein großes, passend bemaltes viereckiges Stück Karton wird in 24 Felder aufgeteilt. Besonders hübsch sieht es aus, wenn man einen schwarzen Fotokarton verwendet, mit einem weißen Stift einen Sternenhimmel, ein Dorf mit Häusern und einer Straße aufmalt und dann erst in Felder aufteilt. Jedes Feld muss halbiert werden, weil auf der einen Seite ein Teil einer Weihnachtserzählung und darunter ein kleines selbst gemaltes Bild Platz finden sollen. Die Weihnachtsgeschichte ist hier also in 24 Tage aufgeteilt. Die Kinder lesen oder hören zuerst den entsprechenden Teil der Weihnachtserzählung, dann malen sie darunter ihr Bild. So lässt sich die Geschichte von Maria und Josef sehr einfach und auch für kleine Kinder geeignet in Wort und Bild erzählen. Auf den Seiten 25 bis 30 findet sich ein schönes Beispiel eines solchen Erzählkalenders. Das können die Kinder als Anregung benutzen, um dann aus der Kopiervorlage von Seite 31 ihren eigenen Kalender zu gestalten: In die rechten Kästen malen sie ihre eigene Bildergeschichte, die sie dann in den linken Kästen mit Worten beschreiben.

1. Dezember:
Zwei Leute sind unterwegs nach
Bethlehem. Es ist ein langer, be-
schwerlicher Weg.

2. Dezember:
Sie sind sehr müde. Die Frau
muss sich setzen und ausruhen.
Sie bekommt bald ein Kind.

3. Dezember:
Ihr Mann setzt sich neben sie und
legt seinen Arm um ihre Schulter.
Er sagt: »Gleich sind wir da!«
Die beiden sind Maria und Josef.

4. Dezember:
Nun gehen sie weiter. Sie kommen
nach Bethlehem, eine Stadt mit
vielen prächtigen Türmen und
kleinen Häusern.

5. Dezember:
Hier in Bethlehem wollen sie ein Zimmer suchen, damit sie sich ausruhen und schlafen können.

6. Dezember:
Maria und Josef bleiben vor einem Gasthof stehen. Josef klopft an die schon verschlossene Türe.

7. Dezember:
Die Wirtin schaut aus dem Fenster und fragt: »Was wollt ihr denn noch so spät? Warum konntet ihr denn nicht früher kommen?«

8. Dezember:
Josef erzählt: »Wir sind schon tagelang unterwegs, und nun suchen wir ein Zimmer für unsere Übernachtung. Auch müssen wir uns dringend waschen und etwas Warmes essen!«

9. Dezember:
Die Wirtin geht vom Fenster weg und ruft unfreundlich: »Ich habe nichts frei!« Dabei deutet sie auf den nächsten Gasthof und schließt das Fenster.

10. Dezember:
Maria und Josef sind enttäuscht. Sie gehen zum Gasthof mit dem goldenen Löwen. Bestimmt haben die noch etwas frei!

11. Dezember:
Auch hier ist die Türe schon verschlossen. Nur im ersten Stock brennt noch ein Licht. Josef klopft an die Türe.

12. Dezember:
»Wer ist da?«, tönt eine Kinderstimme von innen. Nicht lange, dann steht das Kind vor der Türe des Gasthofes.

13. Dezember:
»Wir sind müde Wanderer«, ant-
wortet Josef. »Meine Frau bekommt
bald ein Kind, und wir suchen eine
Unterkunft für diese Nacht.«

14. Dezember:
Das Kind schaut Maria und Josef
mit großen Augen an, zuckt mit
den Schultern und meint: »Wir
haben kein Zimmer für euch!«

15. Dezember:
Nun haben Maria und Josef schon
die ganze Straße nach einem
Zimmer abgesucht. An vielen
Gasthöfen haben sie angeklopft.
Ohne Erfolg. Was sollen sie nur
tun?

16. Dezember:
Maria setzt sich auf einen Stein.
Es ist schon spät. Die Sterne und
der Mond leuchten. Sie sagt: »Josef,
mein Kind kommt bald zur Welt,
ich spüre es genau.«

17. Dezember:
Josef tröstet sie wieder: »Schau, da vorn am Ende der Straße ist noch ein kleines Haus. Dort brennt in einigen Zimmern Licht. Vielleicht haben wir Glück!«

18. Dezember:
Maria und Josef klopfen vorsichtig an die Türe.

19. Dezember:
Ein alter Mann mit einem riesigen Bart öffnet die Türe: »Wer klopft denn da so spät noch an die Türe? Gerade wollten ich und meine Gäste ins Bett gehen!«

20. Dezember:
Josef entschuldigt sich und sagt: »Wir suchen ein Zimmer für diese Nacht. Meiner Frau geht es nicht gut, sie braucht ein Bett!«

21. Dezember:
Der alte Mann sagt: »Ich habe kein Zimmer für euch, aber wenn ihr immer in diese Richtung geht, kommt ihr an meinen Stall. Dort könnt ihr euer Nachtlager aufschlagen.«

22. Dezember:
Maria und Josef gehen in die Richtung, die ihnen der alte Mann gezeigt hat. Und tatsächlich finden sie den Stall. Er ist wie eine Höhle, schön warm und trocken.

23. Dezember:
Maria und Josef sind sehr müde, aber auch froh, als sie hier bleiben können. Josef macht Maria ein weiches Bett aus Stroh, und Maria legt sich dankbar und erschöpft hin.

24. Dezember:
Dort in diesem Stall, fernab von der Stadt, bekommen Maria und Josef ihr Kind Jesus.

Das Fest der heiligen Barbara

Gleich in den ersten Tagen der Adventszeit – genau am 4. Dezember – begehen wir das Fest einer großen Frau: der heiligen Barbara. Manche Menschen schneiden Anfang Dezember kahle Kirschzweige ab – die Barbarazweige. Am besten legt man die Zweige gleich nach dem Schneiden eine Zeitlang in die mit lauwarmem Wasser gefüllte Badewanne. Danach stellt man sie in einer Vase an einem sonnigen, nicht zu warmen Platz auf. Jeden zweiten Tag sollte das Wasser durch neues, lauwarmes Wasser ersetzt werden. An Weihnachten, also rund drei Wochen später, zeigen sich die ersten zartrosa Blüten des Kirschzweiges: Es erblüht neues Leben – und das mitten im Winter!

Seit dem 12. Jahrhundert feiert man am 4. Dezember das Andenken an die heilige Barbara.

Die heilige Barbara

Barbara wurde um das Jahr 300 in Nikomedia (heute Türkei) geboren. Ihr Vater war ein reicher Kaufmann, die Mutter starb schon, als Barbara noch klein war. Wenn Barbara alleine zu Hause war, lebte sie in einem Turm mit einer Dienerin und ihrem Lehrer zusammen. Eines Tages, als ihr Vater wieder einmal auf einer Geschäftsreise war, hörte sie von Jesus und seinen Taten. Sie konnte gar nicht genug bekommen von den Jesusgeschichten, die man ihr erzählte. Sie ließ sich taufen, was ihrem Vater sehr missfiel. Er war böse, weil er auf dieser Reise den Mann für seine Tochter ausgesucht hatte. Aber dieser war kein Christ und wollte auch keine Christin zur Frau. Der römische Kaiser Maximinus Daia, der zu dieser Zeit regierte, hasste die Christen und ließ sie verfolgen. Der Vater versuchte alles, um Barbara vom Christentum abzubringen. Schließlich wusste er sich nicht mehr zu helfen und drohte ihr an, sie bei den Leuten des Kaisers zu verraten.

Barbara ließ sich davon nicht einschüchtern, worauf der Vater sie in ein Gefängnis sperren ließ – das war im Winter. Auf dem Weg zum Gefängnis streifte Barbara einen kahlen Kirschbaum, wobei ein Zweig in ihren langen Kleidern hängenblieb. Diesen Zweig nahm sie mit in das Gefängnis und stellte ihn in ein Wasserglas.

An dem Tag, an dem Barbara hingerichtet wurde, begann der Zweig zu blühen, obgleich noch immer tiefster Winter war. Sie sagte: »Zweiglein, ich dachte, du wärest tot. Aber nun blühst du wie im Sommer. So wird es auch mit den Menschen und mit mir geschehen: Wenn sie sterben, werden sie verwandelt zu neuem, blühenden Leben!«

Am 4. Dezember ist Barbaratag

Geh in den Garten am Barbaratag.
Geh zum kahlen Kirschbaum und sag':
»Kurz ist der Tag, grau ist die Zeit.
Der Winter beginnt, der Frühling ist weit.
Doch in drei Wochen, da wird es geschehen:
Wir feiern ein Fest, wie der Frühling so schön.
Baum, einen Zweig gibst du mir von dir!
Ist er auch kahl, ich nehm' ihn mit mir.
Und er wird blühen in leuchtender Pracht
mitten im Winter in der Heiligen Nacht!«

Josef Guggenmoos

Knusprige Bratäpfel – selbst gemacht

Wenn der Geruch von Bratäpfeln, die knusprig im Ofenrohr (früher legte man sie einfach auf den Kachelofen) schmurgeln, das ganze Haus durchzieht, kann man den Advent förmlich riechen.

Schon unsere Großeltern wussten: Adventszeit ist Bratäpfelzeit. Und wenn Sie schon einmal einen Bratapfel probiert haben, wissen Sie, dass man sich die auf keinen Fall entgehen lassen sollte. Und hier ist das Rezept – probieren Sie es selbst aus:

REZEPT

Leckere Bratäpfel

ZUTATEN

- *Einige leicht säuerliche Äpfel (zum Beispiel die Sorte Cox orange)*
- *Eine Handvoll Rosinen*
- *Etwas Honig*
- *Pro Apfel 1 TL Mandelstifte*

1 Entkernen Sie die gewaschenen, aber ungeschälten Äpfel.

2 In den Hohlraum füllen Sie die Rosinen, etwas Honig und obendrauf die Mandelstifte.

3 Stellen Sie die Äpfel in eine flache Terrine – und ab damit ins heiße Ofenrohr (200 °C).

4 Schon bald hören und riechen Sie, welche Köstlichkeit sich im Ofen entwickelt.

Die Bratäpfel brauchen ungefähr 20 Minuten im Backrohr.

Der Bratapfel

Kinder, kommt und ratet,
was im Ofen bratet!
Hört, wie's knallt und zischt.
Bald wird er aufgetischt,
der Zipfel, der Zapfel,
der Kipfel, der Kapfel,
der gelbrote Apfel.

Kinder, lauft schneller,
holt einen Teller,
holt eine Gabel!
Sperrt auf den Schnabel

für den Zipfel, den Zapfel,
den Kipfel, den Kapfel,
den goldbraunen Apfel!

Sie pusten und prusten,
sie gucken und schlucken,
sie schnalzen und schmecken,
sie lecken und schlecken
den Zipfel, den Zapfel,
den Kipfel, den Kapfel,
den knusprigen Apfel.

Volksgut

35

Das Fest des heiligen Nikolaus

Niklaus, Niklaus, huckepack,
schenk uns was aus deinem Sack!

Schütte deine Sachen aus,
gute Kinder sind im Haus!

Nikolaussprüchlein aus dem Hunsrück

Lasst uns froh und munter sein

1. Lasst uns froh und munter sein und uns heut im Herrn erfreun! Lustig, lustig, tral-la-la-la-la, bald ist Nik-laus-a-bend da, bald ist Nik-laus-a-bend da!

2. Dann stell ich den Teller auf, Niklaus legt bestimmt was drauf.
Lustig, lustig, tral-la-la-la-la, bald ist Niklausabend da,
bald ist Niklausabend da.

3. Wenn ich schlaf, dann träume ich: Jetzt bringt Niklaus was für mich!
Lustig, lustig, tral-la-la-la-la, bald ist Niklausabend da,
bald ist Niklausabend da.

4. Wenn ich aufgestanden bin, lauf ich schnell zum Teller hin.
Lustig, lustig, tral-la-la-la-la, bald ist Niklausabend da,
bald ist Niklausabend da.

5. Niklaus ist ein guter Mann, dem man nicht g'nug danken kann.
Lustig, lustig, tral-la-la-la-la, bald ist Niklausabend da,
bald ist Niklausabend da.

Text und Musik: Volksgut aus dem Hunsrück

Der heilige Nikolaus

Nikolaus war im vierten Jahrhundert Bischof von Myra (heute Türkei). Da seine Eltern sehr reich waren, konnte er mit diesem Geld vielen Menschen helfen, die in Not geraten waren. Wegen seiner Freigiebigkeit war er hoch angesehen. Nachdem er schon fast 700 Jahre tot war, fand wieder einmal Krieg im Gebiet um Myra statt. Da kamen Kaufleute aus Italien und nahmen die restlichen Knochen des Bischofs mit in ihre Heimatstadt: nach Bari in Süditalien. Man legte die Gebeine in einen mit Edelsteinen verzierten Sarg und baute eine Kirche, in der dieser Sarg aufbewahrt wurde. So kam es, dass die Leute hier in Europa vom Bischof Nikolaus und seiner Liebe zum Nächsten erfuhren. Man erzählte sich viele Geschichten, wie es wohl damals zu Lebzeiten des Nikolaus gewesen sein musste.

Daraus entstanden viele Legenden, die auch heute noch über Nikolaus erzählt werden. Die bekannteste ist folgende:

Einmal gab es in Myra eine große Hungersnot. Monatelang war kein Regen gefallen, das Getreide konnte nicht wachsen und reifen, so dass sich der Vorrat allmählich dem Ende zuneigte. Alle hatten Angst vor einer Hungersnot.

Da legten eines Tages am Hafen von Myra fremde Schiffe an, die mit Getreide beladen waren. Die Seeleute stiegen aus und wollten frisches Wasser holen. Wie ein Lauffeuer verbreitete sich unter den Einwohnern von Myra die Nachricht, dass die Schiffe viel Getreide an Bord hätten. Sofort liefen alle Leute zum Hafen und bettelten um Getreide. Aber die Schiffsmannschaft gab ihnen nichts. Die Menschen waren völlig verzweifelt. Sie rannten in ihrer Not zum Bischof Nikolaus, der daraufhin sofort zum Hafen lief und um Getreide bat. Die Seeleute jedoch erklärten ihm: »Wir müssen alles Getreide zu unserem Kaiser bringen. Wenn etwas fehlt, wird er uns ins Gefängnis werfen. Es tut uns leid, wir dürfen euch nichts geben.« Aber Bischof Nikolaus ließ nicht locker: »Ihr könnt uns getrost das Getreide hierlassen. Denn wenn ihr den Hungernden hier das Korn gebt, wird Gott euch reichlich dafür belohnen. Eure Schiffsbäuche werden wieder ganz gefüllt sein, bis ihr zu eurem Kaiser kommt!«

Nikolaus ist auch in der heutigen Zeit noch ein beliebter Name für Kinder. Von Nico, Nicki, Nikolas bis Nic oder Niklas reicht die Palette der »Nikoläuse«. In den meisten Fällen steht der heilige Nikolaus von Myra hinter diesen modernen Namen. Daneben gibt es aber auch andere Heilige, die Nikolaus heißen: Nikolaus von Flüe (15. Jahrhundert aus der Schweiz), Nikolaus von Kues (15. Jh.) oder Nikolaus von Verdun (um 1200).

Den Seeleuten fiel es natürlich schwer, den Worten des Bischofs zu glauben. Sie überlegten lange hin und her, was sie tun sollten. Schließlich entschlossen sie sich, Bischof Nikolaus zu glauben und gaben das Getreide für die Leute von Myra frei. Bischof Nikolaus selbst verteilte es unter all die hungrigen Menschen seiner Stadt. Und tatsächlich erfüllte sich die Voraussage des Bischofs: Noch ehe die Schiffe in ihrem Heimathafen ankamen, waren sie wieder voll beladen mit Korn. Die Leute in Myra aber waren glücklich und dankbar für das Wunder, das ihnen widerfahren war. Sie buken Tag und Nacht Brot und aßen, bis sie endlich satt waren.

Nikolaus, der Freund der Kinder

Der heilige Nikolaus gilt als Fürsprecher und Freund der Kinder, er ist aber auch der Schutzpatron der Kaufleute und Seefahrer. Zur Erinnerung an den guten Bischof von Myra stellen die Kinder am Vorabend des Nikolaustages einen Teller vor die Türe und räumen ihr Zimmer besonders gut auf. Mancherorts stehen auch Schuhe oder Stiefel vor der Türe, damit sie der heilige Nikolaus bei seinem nächtlichen Rundgang von Haus zu Haus mit allerlei Süßigkeiten füllen möge. Sicher ist, dass der heilige Mann nur lieben und braven Kindern etwas auf den Teller oder in den Stiefel legt! Deshalb müssen natürlich auch die Stiefel vorher schön sauber geputzt werden. Anstelle von »echten« Stiefeln lassen sich auch alte Wollsocken hervorragend verwenden. Um den heiligen Nikolaus gebührend zu begrüßen und ihm eine Freude zu bereiten, können sie mit aufgeklebten Stoffresten verziert oder mit bunten Fäden bestickt werden. Kinder, die schon etwas nähen können, wagen sich vielleicht an einen selbst genähten Nikolausschuh. Wie das geht, ist auf den Seiten 40 und 41 beschrieben. Er ist ganz einfach anzufertigen und sieht hübsch aus.

Die Bösen, die Guten

Knecht Ruprecht schleicht von Haus zu Haus
und blinzelt durch die Scheiben
und sucht sich die artigen Kinder aus
und guckt, wie die bösen es treiben.
Husch, husch ist er vorbei –
o weh, die bösen – die guten, ei, ei!

Volkstum

Nikolausstiefel

MATERIAL
- *Durchsichtiges Papier
  (z. B. Butterbrotpapier)*
- *Bleistift und Schere*
- *Roter Filz
  (ca. 40 x 20 cm)*
- *Nadel und Faden*
- *Goldenfarbene
  Kordel*

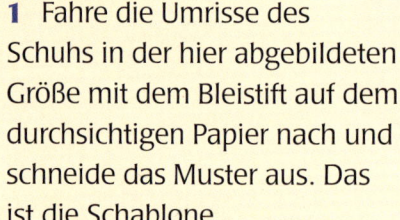

1 Fahre die Umrisse des Schuhs in der hier abgebildeten Größe mit dem Bleistift auf dem durchsichtigen Papier nach und schneide das Muster aus. Das ist die Schablone.

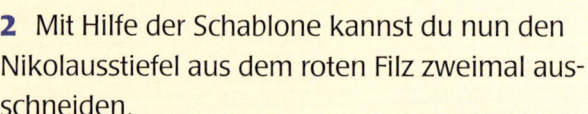

2 Mit Hilfe der Schablone kannst du nun den Nikolausstiefel aus dem roten Filz zweimal ausschneiden.

3 Lege die beiden Stoffteile aufeinander und nähe sie mit einem geraden Strich etwas vom Rand entfernt zusammen.

4 Wenn du nun den Schuh wendest, sieht man die Stiche nicht mehr.

5 Zum Schluss nähe noch eine goldenfarbene Kordel oder dicke Schnur an die hintere Naht, damit der gefüllte Schuh auch zugebunden werden kann und hübscher aussieht.

REZEPT

Nikolausmänner (auch Kuchenklaus genannt)

ZUTATEN

Für den Hefeteig

- 1/2 l lauwarme Milch
- 40 g Hefe
- 100 g flüssiger Honig
- 1/2 TL Salz
- 100 g weiche Butter
- 800 g Dinkelmehl

Außerdem

- Korinthen
- Mandeln
- Orangeat, Zitronat
  (nach Belieben)
- 1 Eigelb

1 Lösen Sie die Hefe in der lauwarmen Milch auf.

2 Geben sie Honig, Salz und die weiche Butter dazu, und verkneten Sie mit dem Mehl alles zu einem geschmeidigen Teig.

3 Lassen Sie den Hefeteig eine Stunde lang an einem warmen, zugfreien Ort gehen.

4 Kneten sie den Teig nochmals kräftig durch, und schneiden Sie ihn in sechs Teile. Jedes Teigstück soll einen Nikolausmann ergeben.

5 Formen Sie die Nikolausmänner mit den Händen auf einer bemehlten Unterlage als Ganzes. Passen Sie dabei auf, dass der Hals nicht zu dünn wird, er bricht sonst leicht ab. Arme und Beine werden durch entsprechende Einschnitte mit dem Messer vom Rumpf abgeteilt. Sie können nun nach Belieben geformt werden.

6 Verzieren Sie die die Nikolausmänner mit Korinthen, Mandeln und Orangeat, Zitronat (als Augen, Nase und Mund bzw. als Verschönerung des Rumpfes und als Haarschmuck).

7 Legen Sie die fertigen Figuren vorsichtig auf das gefettete Backblech, bestreichen Sie sie mit Eigelb und lassen Sie sie dort noch gut 30 Minuten gehen, ehe Sie sie in das vorgeheizte Backrohr schieben (175 Grad). Nach ca. 25 Minuten sind die Nikolausmänner fertig. Dann noch etwas erkalten lassen und vorsichtig vom Blech nehmen.

Nikolausbilder

Verzieren Sie die Nikolausmänner nicht wie angegeben. Stattdessen kaufen Sie in einem Papiergeschäft oder in einem Fachgeschäft für Bäckereibedarf aufklebbare, lebensmittelverträgliche Nikolausbilder in der Größe Ihres Gebäcks.

REZEPT

Bildbrote aus Lebkuchenteig zum Nikolaustag

ZUTATEN
- 500 g Mehl
- 140 g Butter
- 4 EL Honig
- 1 EL Zitronensaft
- 1 Päckchen Backpulver
- Etwas Milch
- 1 Eigelb zum Bestreichen
- Mandeln, Mohn, Anis …
  zum Verzieren

1 Verkneten Sie alle Zutaten zu einer Teigkugel. Ist der Teig zu fest, geben Sie etwas Milch hinzu.
2 Stellen Sie ihn mindestens eine halbe Stunde kalt.
3 Rollen Sie den Teig fingerdick als Platte aus und formen oder stechen Sie Bildbrote aus: Sterne, Sonne, Mond, Herzen, Vögel, Fische …

4 Bestreichen Sie die Bildbrote mit Eigelb, und verzieren Sie diese.
5 Bei 180 Grad im vorgeheizten Ofen goldbraun backen.

Was die Bildbrote sagen
Früher wurden am Nikolaustag diese Bildbrote an alte, kranke und bedürftige Menschen verschenkt. Die Bildbrote haben – je nach Bild – eine bestimmte Bedeutung. Damit verbinden sich gleichzeitig gute Gedanken und Wünsche. Die Herzen als Bildbrote sagen: »Ich mag dich!« Die Sonne drückt den Wunsch nach Wärme und Licht in einer essbaren, süßen Form aus. Oder der Stern macht deutlich: »Ich wünsche dir, dass immer ein Stern für dich leuchtet, der auf dich aufpasst.«

In vielen Orten zieht am Vorabend des Nikolaustages oder am Nikolaustag selbst ein verkleideter Bischof durch die Straßen und kehrt in die Häuser mit Kindern ein, wo eine kleine Feier stattfindet. Meist will der heilige Mann dann ein Gedicht hören. Hier einige Beispiele für mögliche Gedichte:

Lieber guter Nikolaus,
schenk mir einen Kuchenklaus,
nicht zu groß und nicht zu klein.
Ich will auch immer artig sein.
Gibst du mir aber keinen,
dann fang ich an zu weinen.

Ich bin noch ein ganz kleiner Mann
und bin ein bisschen bange.
Drum schaue mich recht freundlich an,
lass mich nicht warten lange.
Schenk Nüsse mir und Mandelkern,
dann hab ich dich, Herr Niklaus, gern.

Niklaus, Niklaus, heil'ger Mann,
zieh die großen Stiefel an,
reis damit nach Spanien,
kauf Äpfel, Nüss, Kastanien!

St. Niklas ist ein braver Mann,
bringt den kleinen Kindern was,
die großen lässt er laufen,
die können sich was kaufen.

Der Nikolaus begrüßt nun auch die anwesenden Kinder:

Gott grüß euch, liebe Kinderlein,
ihr sollt Vater und Mutter gehorsam sein,
so soll euch was Schönes bescheret sein.
Wenn ihr aber das nicht tut,
so bring ich euch Stecken und Rut.

Anschließend liest er aus seinem goldenen Buch die guten und die bösen Taten
der Kinder vor. Er lobt die Mädchen und Buben, lässt sich aber auch Besserung
von ihnen geloben. Ein Nikolauslied verabschiedet den hohen Besuch:

Bimmelt was die Straß entlang

2. Aus dem Schlitten vor dem Haus
steigt der Nikolaus heraus.
Durch den Schnee stapft er daher
und trägt einen Sack gar schwer.

3. Guten Kindern in dem Haus
leert er seinen Sack wohl aus.
Kling und klang und kling und klang,
weiter geht's die Straß entlang.

Text: Volksgut   Melodie: Richard Rudolf Klein

Der heilige Nikolaus und die kleine Eva

Einmal kam der heilige Nikolaus am sechsten Dezember zur kleinen Eva. Er fragte sie: »Bist du im letzten Jahr auch brav gewesen?« Eva antwortete: »Ja, fast immer!« Der Nikolaus fragte weiter: »Kannst du mir auch ein schönes Gedicht aufsagen?« – »Ja«, sagte da Eva.

»Lieber, guter Nikolaus,
du bist jetzt bei mir im Haus,
bitte leer die Taschen aus,
dann lass ich dich wieder raus.«

Der Nikolaus lobte: »Das hast du schön gemacht.« Er schenkte Eva Äpfel, Nüsse, Mandarinen und Plätzchen. »Danke«, sagte Eva. »Auf Wiedersehen!«, sagte Nikolaus, drehte sich um und wollte gehen.
»Halt!«, rief Eva. Der Nikolaus sah sich erstaunt um: »Was ist?«, fragte er. Da meinte die Eva: »Und was ist mit dir? Warst du im letzten Jahr auch brav?« – »So ziemlich«, antwortete Nikolaus. Da fragte Eva: »Kannst du mir auch ein schönes Gedicht aufsagen?« – »Ja«, sagte der Nikolaus.

»Liebes, gutes, braves Kind,
draußen weht ein kalter Wind;
koch mir einen Tee geschwind,
dass ich gut nach Hause find'.«

»Wird gemacht«, sagte Eva und kochte dem Nikolaus einen guten, heißen Tee. Der Nikolaus schlürfte ihn und aß Plätzchen dazu. Da wurde ihm schön warm. Und als er fertig war, stand er auf und ging zur Türe. »Danke für den Tee«, sagte er freundlich. »Bitte, gern geschehen«, sagte Eva. »Und komm auch nächstes Jahr vorbei, dann beschenken wir uns wieder.« – »Natürlich, kleine Nikoläusin«, sagte der große Nikolaus und ging hinaus in die kalte Nacht.

Alfons Schweiggert, 1990

Das Fest der heiligen Lucia

Das lateinische Wort »lux« heißt auf deutsch »Licht«. Lucia ist also die Lichtbringerin. Besonders in Schweden wird das Fest dieser Heiligen begangen − am 13. Dezember schenkt man sich dort kleine Aufmerksamkeiten. Mädchen bekleiden sich mit weißen Gewändern, die bis zu den Füßen reichen. Auf dem Kopf tragen sie Kronen, die mit Mistelgrün umwunden sind. Darauf werden Kerzen gesteckt. Das sind »Luciabräute«, und in den Schulen und Betrieben finden überall Luciafeiern statt. Die Lichtermädchen ziehen währenddessen von Haus zu Haus, in Krankenhäuser, Altenheime und sogar in Gefängnisse, wo sie Adventslieder singen und kleine Geschenke bringen. Übrigens nahm man im Mittelalter fälschlicherweise an, dass am 13. Dezember der Tag am kürzesten und die Nacht am längsten ist.

In Lucias Heimatstadt Syrakus wurde das Fest schon um 400 n. Chr. begangen. Die zahlreichen Legenden, die sich auch um die heilige Lucia ranken, wollen uns verdeutlichen, dass Lucia ihren festen Halt in Gott hatte und alle irdische Gewalt sie nicht davon abbringen konnte − nicht umsonst sind ihre Zeichen, mit denen sie dargestellt wird, das Schwert und die Augen. Was es mit dem Schwert auf sich hat, kann man sich vorstellen, wenn man Näheres aus dem Leben dieser Heiligen erfährt.

Einen schönen Lucien-brauch gibt es im oberbayrischen Fürstenfeldbruck: das Lichterschwimmen. Kinder fertigen kleine Nachbildungen von öffentlichen Gebäuden an. Am Luciatag ziehen die Mädchen und Buben mit ihren Häuschen zunächst zur Segnung in die Magdalenenkirche, dann zum Fluss, der Amper. Hier setzen sie die mit Kerzen erleuchteten Häuschen ins Wasser.

Das Leben der heiligen Lucia

Vor ungefähr 700 Jahren wurde Lucia in einer reichen, heidnischen Familie in Sizilien geboren. Sie war ein nettes, schönes Mädchen. Im heiratsfähigen Alter war sie verlobt mit einem Mann, den ihre Eltern ausgesucht hatten. Einen Großteil des Vermögens hatte ihr die Mutter schon zurückgelegt als Mitbringsel (Aussteuer) für die Ehe. Die Mutter aber erkrankte bald an einer schweren Blutkrankheit. Nach einer Wallfahrt zur heiligen Agatha war die Mutter plötzlich wieder gesund. Dies und das Vorbild der heiligen Agatha beeindruckten Lucia so sehr, dass sie fortan nur noch Christus dienen wollte. Sie verschenkte ihre gesamte Aussteuer und das ganze Hab und Gut, das sie mit in die Ehe bringen sollte, an Arme. Sie spürte: So wie meiner Mutter geholfen wurde, will auch ich den Menschen helfen, die in Not sind.

Der Bräutigam aber war beleidigt und begann, sie zu hassen. Er zeigte sie beim Richter des Kaisers an. Der Kaiser nämlich hasste ebenso die Christen. Auch vor dem Richter stand sie zu ihrer christlichen Überzeugung. So wurde sie zum Tod verurteilt und sollte abgeführt werden. Da sie sich jedoch nicht von der Stelle bewegte, und auch einige kräftige Männer und Ochsen, an deren Hörnern sie festgebunden war, sie nicht von der Stelle bewegen konnten, wurde sie mit einem Schwertstich in den Hals getötet.

Legende aus Schweden

Um diese traurige Geschichte rankten sich im Laufe der Zeit viele Legenden und Erzählungen, wie zum Beispiel die folgende aus Schweden:

Vor vielen, vielen Jahren herrschte in Schweden eine große Hungersnot. Der Sommer und die Ernte waren schlecht gewesen, so dass die Menschen im folgenden Winter nichts mehr zu essen hatten. Am schlimmsten betroffen war das Gebiet um den Väner-See. Eines Tages sahen die Hungernden ein Schiff. Sie waren sehr erstaunt, dass an Bord des Schiffes ein Mädchen war, das ganz von Licht umstrahlt war – es war die heilige Lucia. Lucia lud die Menschen ein, an Bord zu kommen, und beschenkte sie mit den allerbesten Lebensmitteln: Getreide, Fleisch, Brot und Schinken. Als die Leute genug gegessen hatten, gingen sie von Bord und das Schiff fuhr weiter zum nächsten Ufer. Auch dort warteten schon viele Menschen. Alle Hungrigen am Väner-See und drumherum wurden von Lucia beschenkt und satt.

Der Luciaweizen

Ähnlich wie am Barbaratag hat sich auch am Luciatag ein Brauch entwickelt, der mit dem Leben der Heiligen zusammenhängt: Lucia brachte den Hungernden Brot, deshalb sät man an diesem Tag den Luciaweizen. Dazu gibt man in eine flache Schale Blumenerde, drückt ein paar Weizenkörner mit dem Daumen etwas fest, bedeckt sie wieder mit wenig Erde und stellt die Schale an einen hellen, sonnigen Platz am Fensterbrett. Die Blumenerde muss immer feucht gehalten werden. Im Laufe der Zeit zeigen sich die ersten zartgrünen Spitzen, und an Weihnachten ist ein üppiges grünes Getreidefeld gewachsen. Schon jetzt im kalten Winter kündigt sich also neues Leben und neues Grün an. Das ist ein Zeichen dafür, dass wir in der Zeit des Advent auf das neue Leben warten, auf Jesus.

Mit einer schönen Weihnachtskerze in der Mitte des Getreidefeldes bildet das Getreidefeld einen wunderschönen Tischschmuck zum Heiligen Abend.

Selbst gebastelte Geschenke

Wenn Weihnachten vor der Tür steht, ist es höchste Zeit, an Geschenke zu denken. Schenken hat etwas zu tun mit Freundschaft, Liebe, Dankbarkeit. Und vor diesem Hintergrund sollten auch die Geschenke zu Weihnachten ausgesucht werden. So manches selbst gebastelte liebevolle Geschenk erfreut daher wesentlich mehr als ein teuer gekauftes. Die Sitte, Kinder durch das Chrstkind beschenken zu lassen, ist übrigens seit dem 16. Jahrhundert bekannt. Später erst wurde es Brauch, die ganze Familie zu beschenken. Einst gehörten Steckenpferd, Puppen und Märchenbücher zu den beliebtesten Weihnachtsgeschenken für Kinder: In einem Teller voll Plätzchen befand sich ein Spielzeug. Heute erwarten viele Kinder ganz andere, größere Geschenke. Da spielt der Geldbeutel die wichtigste Rolle. Von Herzen aber kommen oft noch die Geschenke, die Kinder für ihre Eltern oder Verwandten basteln. Hier ein paar Vorschläge:

BASTELN

Die gespickte Orange

MATERIAL
- *1 schöne große Orange*
- *1 Zahnstocher*
- *Ein paar ganze Nelken*
- *1 Stück Goldband*

1 Als Erstes bohren wir mit dem Zahnstocher kleine Löcher in die Orange.
2 Dann stecken wir in jedes Loch eine ganze Nelke (mit dem Stiel nach innen) hinein.
3 Ist die Orange mit den Nelken gespickt, binden wir vom Fruchtansatz bis zum Stielansatz ein Goldband um die Orange und verknoten es am Stielansatz. Auch ein Taftband sieht hübsch aus.

4 Das Einpacken dieses Geschenkes ist schwierig, deshalb hängt man die gespickte Orange am besten auf einen kleinen Tannenzweig und übergibt sie so. Dieses Geschenk ist ein besonders schöner Tischschmuck.

Angelus Silesius schreibt:

> Und wäre Gott tausendmal in Bethlehem geboren,
> und nicht in dir,
> du wärest ewiglich verloren.

Das ist eine Aufforderung , unsere Herzen zu öffnen und so die Freude über die Geburt Jesu zu erleben. Wenn wir uns zu Weihnachten beschenken, schenken wir diese Freude weiter.

Die bunte Weihnachtskerze

BASTELN

MATERIAL
- *Einige kleine Wachsplatten in verschiedenen Farben (Bastel- oder Kerzengeschäft)*
- *1 Küchenmesser*
- *1 Bleistift*
- *1 dicke Kerze*

1 Zuerst schneiden wir aus den Wachsplatten mit einem Küchenmesser kleine Tannenzweiglein, Christbaumkugeln, Äpfel oder sogar kleine Figuren (Maria und Josef an der Krippe oder das Jesuskind in der Krippe) aus. Damit dies gelingt, ist es ratsam, das gewünschte Motiv vorher auf der Wachsplatte mit einem Bleistift aufzuzeichnen.

2 Als Nächstes heben wir nun die ausgeschnittenen Teile von der Wachsplatte ab und drücken sie auf die Kerze. Bevor die Kerze in Geschenkpapier verpackt wird, sollte sie in eine Klarsichtfolie eingewickelt werden.

BASTELN

Die verkleidete Flasche

MATERIAL

- 1 Flasche Wein
- Etwas Alufolie
- 1 Goldkordel
- 1 Apfel
- 1 Apfelstecher
- Etwas Buntpapier
- Klebstoff
- 1 Stück Watte
- 1 Stoffrest

1 Mit der Alufolie »zaubern« wir als Erstes einen weit gebauschten Rock. Dort, wo der Flaschenbauch beginnt, fassen wir ihn mit einer Goldkordel zusammen. Anschließend befestigen wir das Ganze.

2 Der Apfel dient als Kopf und muss mit dem Apfelstecher vom Stiel und den »Innereien« befreit werden; anschließend wird er auf den Flaschenhals gesteckt. Das Gesicht des Apfels verwandeln wir mit Hilfe von Klebstoff und Buntpapier

zu einem menschlichen Gesicht (Augen, Nase und Mund).

3 Nun wird die Watte wie Haar drapiert und auf den Apfel geklebt.

4 Zum Abschluss binden wir noch den Stoffrest als Schal über den Kopf und vor den Flaschenbauch bzw. den Alurock. Dieses Geschenk einzupacken, wäre viel zu schade!

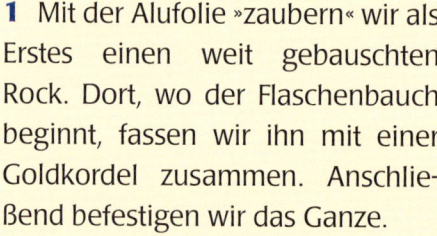

Tischdekoration für den Heiligen Abend

MATERIAL pro Person

- *1 schönen, glänzend geriebenen Apfel*
- *1 ganze Walnuss*
- *Wassermalkasten mit Pinsel*
- *1 Stückchen Watte*
- *Klebstoff*
- *Etwas Gold- oder Silberfolie*

1 In den Blütenansatz des Apfels kleben wir zuerst die Walnuss – sie ist der Kopf des Weihnachtszwerges, der hier entsteht. Danach gestalten wir mit Wasserfarbe den Kopf hübsch mit Augen, Nase und Mund aus.

2 Als Nächstes rollen wir die Gold- oder Silberfolie wie ein kleine Tüte auf; sie dient als Hut. Zuvor gestalten wir das Haar mit etwas Watte, die wir auf den Kopf des Zwerges kleben.

3 Dann kleben wir den vorbereiteten Hut auf das Haar. Der nette Weihnachtszwerg ist fertig, wenn ihm aus Watte noch eine kleine Halskrause gebastelt und angeklebt wird.

Das ist eine wunderschöne Tischdekoration und ein willkommenes Geschenk für alle Mütter und Großmütter.

Macht hoch die Tür, die Tor macht weit

1. Macht hoch die Tür, die Tor— macht weit, es kommt der

Herr der Herr-lich-keit, ein Kö-nig al - ler Kö - nig-reich, ein

Hei-land al - ler Welt— zu-gleich, der Heil und Le - ben

mit— sich bringt; der-hal-ben jauchzt, mit Freu - den singt. Ge -

lo - bet sei mein Gott,— mein Schö-pfer reich an Rat.—

2. Er ist gerecht, ein Helfer wert.
Sanftmütigkeit ist sein Gefährt,
sein Königskron ist Heiligkeit,
sein Zepter ist Barmherzigkeit;
all unsre Not zum End er bringt;
derhalben jauchzt, mit Freuden singt.
Gelobet sei mein Gott,
mein Heiland groß von Tat.

3. O wohl dem Land, o wohl der Stadt,
so diesen König bei sich hat.
Wohl allen Herzen insgemein,
da dieser König ziehet ein.
Er ist die rechte Freudensonn,
bringt mit sich lauter Freud und Wonn.
Gelobet sei mein Gott,
mein Tröster früh und spat.

4. Macht hoch die Tür, die Tor macht weit,
euer Herz zum Tempel zubereit.
Die Zweiglein der Gottseligkeit
steckt auf mit Andacht, Lust und Freud;
so kommt der König auch zu euch,
ja Heil und Leben mit zugleich.
Gelobet sei mein Gott,
voll Rat, voll Tat, voll Gnad.

5. Komm, o mein Heiland Jesu Christ,
mein's Herzens Tür dir offen ist.
Ach zieh mit deiner Gnade ein,
dein Freundlichkeit auch uns erschein.
Dein Heil'ger Geist uns führ und leit
den Weg zur ewgen Seligkeit.
Dem Namen dein, o Herr,
sei ewig Preis und Ehr.

Text: Georg Weißel, vor 1623
Melodie: Halle, 1704

Weitere Ideen für die Adventszeit

Der Sternenbaum

Ein Sternenbaum begleitet die Adventszeit und kann dann als Weihnachtsschmuck verwendet werden. Aus dunklem Tonpapier wird eine ca. 2 Zentimeter breite und 1,50 bis 2 Meter lange Spirale geschnitten. Diese wird um einen ganz kleinen Tannenbaum oder um ein baumähnliches Tannengesteck wie ein Mantel gelegt. Den Mittelpunkt der Spirale bildet die Spitze des Gesteckes. Die Spirale zeigt den Weg vom 1. Dezember bis zum Höhepunkt, dem 24. Dezember. Auf diesem Weg werden kleine goldene Sternchen verteilt, eines nach dem andern, 24 Sternchen. Von unten beginnend, hängen die Kinder jeden Tag einen Stern an das Tannengesteck. Am Heiligen Abend sind sie dann an der Spitze des Gesteckes angekommen. Vom ersten Advent bis zum Weihnachtsfest ist aus dem Tannengesteck ein wunderschöner Sternenbaum geworden. Der behangene Sternenbaum findet nun als Weihnachtsdekoration Verwendung.

Das Wunderknäuel

Das ist ein alter Adventsbrauch, der besonders bei Mädchen Anklang findet. Oft stricken sie in der Adventszeit einen Topflappen für Mami oder einen Schal für Papa. Mit diesem Wunderknäuel hat es Folgendes auf sich: Ein Knäuel Wolle wird neu aufgewickelt. Dazwischen werden in Alufolie oder Weihnachtspapier eingepackte Bonbons, Schokolade oder Marzipanstückchen gewickelt. Wer fleißig strickt, bekommt viele gute, süße Sachen!

Das Wichtelspiel

Das Wichteln ist in vielen Familien oder in Schulklassen ein beliebtes Spiel. Und so geht es: Jeder schreibt seinen Namen auf ein kleines Stück Papier. Das wird wie ein Los zusammengerollt und mit Klebstift zugeklebt. Die Lose werden gemischt – dann zieht jeder Mitspieler ein Los. Darauf steht der Name derjenigen Person, die in der Adventszeit besonders liebevoll betreut, »bewichtelt« werden soll. Die Wichtelei soll heimlich und leise vor sich gehen, das heißt: Keiner weiß, wer wen bewichtelt. Zum Wichteln gehören kleine Überraschungen, heimliche Hilfen im täglichen Leben oder kleine Geschenke wie beispielsweise ein Bonbon im Federmäppchen … Der Fantasie sind keine Grenzen gesetzt. Der Sinn des Spiels besteht darin, dass der Wichtel sich nicht verrät. Erst am Heiligen Abend wird das Geheimnis gelüftet.

Bunter Weihnachtsschmuck

Die »Adventswurzel« erinnert uns an die Wurzel Jesse, von der der Prophet Jesaja im Alten Testament spricht. Bei einem Spaziergang im Wald finden sich immer wieder – auch im Winter – Wurzeln, die schon kleine Triebe haben. Baumwurzeln, die nicht mehr lebendig sind, liegen oft einfach so auf der Erde. Manchmal haben sie recht eigenartige Formen.

Hebt man sie auf und betrachtet sie von verschiedenen Seiten, kann man ab und zu ein Gesicht oder die Gestalt eines Tieres darin entdecken. Aus solchen Wurzeln können wir eine hübsche Adventswurzel gestalten: Zunächst säubern wir die Wurzel, dann schmücken wir sie mit Tannengrün und einer Kerze. Vielleicht finden wir auch noch ein paar dürre Gräser oder Binsen, die diese Wurzel noch lebendiger machen.

Das Weihnachtsfest

Die eigentliche Weihnachtszeit beginnt mit dem 24. Dezember. Das ist der Heilige Abend, der Abend vor dem Weihnachtsfest. Das Warten auf den Retter hat ein Ende: Jesus wird geboren. Gott wird Mensch. Die Engel verkünden diese frohe Botschaft zunächst den Hirten. Dazu muss man wissen, dass Hirten früher zu einem sehr geachteten Berufsstand gehörten. Moses und der König David waren Hirten. Die große Freude, die verkündet wird, soll allem Volk widerfahren, heißt es. Sie gilt also auch uns und für heute:
Gott hat seinen Sohn auf die Welt gesandt, um uns ein Stück Paradies wiederzugeben. Übrigens ist der 24. Dezember auch das Fest der Paradiesbewohner Adam und Eva.

Weihnachtszeit
Markt und Straßen stehn verlassen,
still erleuchtet jedes Haus,
sinnend geh ich durch die Gassen,
alles sieht so festlich aus.

An den Fenstern haben Frauen
buntes Spielzeug fromm geschmückt,
tausend Kindlein stehn und schauen,
sind so wunderstill beglückt.

Und ich wandre aus den Mauern
bis hinaus ins freie Feld,
hehres Glänzen, heil'ges Schauern!
wie so weit und still die Welt!

Sterne hoch die Kreise schlingen,
aus des Schnees Einsamkeit
steigt's wie wunderbares Singen –
O du gnadenreiche Zeit!
Joseph von Eichendorff, 1850

Es ist ein Ros entsprungen

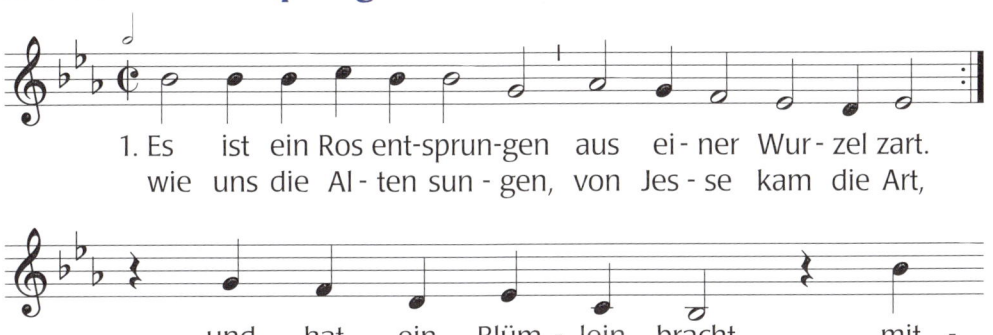

1. Es ist ein Ros ent-sprun-gen aus ei-ner Wur-zel zart.
wie uns die Al-ten sun-gen, von Jes-se kam die Art,

und hat ein Blüm-lein bracht mit -

ten im kal-ten Win-ter wohl zu der hal-ben Nacht.

2. Das Röslein, das ich meine,
davon Jesaja sagt,
ist Maria, die Reine,
die uns das Blümlein bracht.
Aus Gottes ew'gem Rat
hat sie in ein Kind geboren
und blieb doch reine Magd.

3. Das Blümelein so kleine,
das duftet uns so süß;
mit seinem hellen Scheine
vertreibt's die Finsternis.
Wahr' Mensch und wahrer Gott,
hilf uns aus allem Leide,
rettet von Sünd und Tod.

Text: Mainz, um 1587
Melodie: Speyrer
Gesangbuch, Köln, 1599

Seht, die gute Zeit ist nah

Seht die gu - te Zeit__ ist nah. Gott kommt auf die
Kommt und ist für al - le da, kommt dass Frie - de

Er - de.
wer - de. } Kommt, dass Frie - de wer - de.

Text und Melodie
aus der Tschechoslowakei

Zur Geschichte des Weihnachtsfestes

Das Wort Weihnachten stammt sehr wahrscheinlich aus dem Mittelhochdeutschen und bedeutet so viel wie »in den heiligen Nächten«. In den Anfängen der christlichen Kirche war das Weihnachtsfest noch unbekannt. Historische Quellen belegen, dass die Christen das Weihnachtsfest erstmals im vierten Jahrhundert nach Christus feierten. Nicht überall wird Weihnachten am selben Tag gefeiert. Da das genaue Geburtsdatum von Jesus nicht überliefert ist, begehen die christlichen Kirchen im Westen Weihnachten am 25. Dezember, die Ostkirche hingegen am 6. Januar.

Die Entscheidung, wann sie künftig das Weihnachtsfest feiern wollte, traf die christliche Gemeinde unter Duldung bereits bestehender, nicht-christlicher Bräuche. Bis zum Jahr 354 war der 25. Dezember im Römischen Weltreich ein hoher Feiertag: An diesem Tag pflegten die Menschen den römischen Kaiser als die unbesiegte Sonne (sol invictus) des Abendlandes zu verehren. Die wegen ihres Glaubens verfolgten römischen Christen übernahmen bewusst dieses Datum, um ganz klar zu demonstrieren, dass für sie nicht der Kaiser, sondern Christus die wahre, unbesiegbare Sonne war.

Die Nacht vom 24. auf den 25. Dezember ist die Heilige Nacht. Die Sonne hat gerade ihren tiefsten Stand überwunden, die Tage werden wieder länger. Diese Tage um die Wintersonnenwende waren in vielen heidnischen Völkern den Lichtgöttern gewidmet.

Die Weihnachtskrippe

Schon in frühester Zeit kamen Christen nach Bethlehem und verehrten dort jene Holzkrippe, in der das Christkind gelegen haben soll. Historische Quellen belegen darüber hinaus, dass um das Jahr 400 die Gläubigen in den Weihnachtsgottesdienst kamen, um dort »unseren Herrn in der Krippe« liegen zu sehen. Diese Aufforderung wird gerne als ältester Hinweis auf eine bildhafte Darstellung der Heiligen Nacht verstanden.

Mit dem Aufbau unserer Weihnachtskrippe zu Hause können wir bereits am ersten Advent beginnen. Bei Waldspaziergängen können wir alles Mögliche sammeln – Moos und Flechten, Wurzeln, Zweige, Rindenstückchen, Fichtenzapfen und trockene

Die Weihnachtskrippe, so wie wir sie kennen, stammt erst aus dem Jahr 1223: Der heilige Franz von Assisi stellte damals während des Weihnachtsgottesdienstes einen Futtertrog auf. Daneben standen Ochs und Esel und eine lebendige Mariagestalt, außerdem Josef. Wie die Hirten nach Bethlehem, so pilgerten die Christen zu dieser Krippe nach Oberitalien. In vielen Kirchen und Klöstern konnte man bald darauf Krippen finden, und schließlich wurden auch zu Hause und in den Schulen Krippen aufgestellt. Im Spätmittelalter kamen dann die Krippenspiele auf, die die Weihnachtsbotschaft anschaulich darzustellen versuchten.

Gräser. Diese können wir zu einer wunderschönen Krippenlandschaft verarbeiten. Im Laufe der vier Adventswochen bauen wir unsere Krippe aus. Wir gestalten Berge und Täler, Häuser und Höhlen mit Naturmaterialien. Sägemehl, Sand oder Kies sind hilfreich, wenn wir einen Weg gestalten wollen. Am Heiligen Abend folgen dann nur noch die Krippenfiguren.

Selbst gebastelte Krippenfiguren aus Pfeifenputzern

MATERIAL

- Eine Tüte Pfeifenputzer aus dem Tabakladen
- Einige kleine Styroporkugeln
- Klebstoff
- Filzstifte
- Watte
- Mehrere Filz-, Stoff-, Leder- oder Wollreste
- Etwas Goldband
- Goldpapier
- Wollfäden für die Schafe

1 Die Pfeifenputzer verwenden wir für den Rumpf und für die Gliedmaßen; ein oval gebogener Pfeifenputzer ist der Bauch. Daran hängen wir Arme, Hals und Beine ein. Die Beine müssen eventuell mit einem zweiten Pfeifenputzer verstärkt werden.

2 Auf dem Hals sitzt die Styroporkugel, in die vorher ein kleines Loch gebohrt wurde. Damit der Kopf hält, bestreicht man das Loch in der Kugel mit Kleber.

3 Mit den Filzstiften gestalten wir als Nächstes das Gesicht. Als Haar verwenden wir die Watte, die wir locker aufkleben.

4 Nun müssen wir noch aus Stoffresten das Kleid schneidern; mit der Goldkordel lässt es sich gut am Pfeifenputzer befestigen. Die Hirten bekommen einen Pfeifenputzer als Stab, die Heiligen Drei Könige später eine Krone aus Goldpapier.

Schafe basteln

Sogar Schafe kann man so basteln: Pfeifenputzer formen und dann mit Wolle umwickeln.

62

Der Weihnachtsbaum

Der Weihnachtsbaum geht eigentlich auf vorchristliches Brauchtum zurück. Früher glaubte man, die Geister und Götter würden in Gestalt von Winterstürmen gegen den Sieg des Lichtes wüten. Erst zur Dreikönigsnacht war deren Wut gebrochen, das Licht konnte sich durchsetzen. In diesen Rauhnächten wurden grüne Zweige als Schutz und Zaubermittel geschlagen. Der Brauch, einen Christbaum aufzustellen, ist erstmals im 17. Jahrhundert im Elsass nachweisbar. In den Napoleonischen Kriegen wurde die Tanne zum Freiheitssymbol. Der Christbaum steht auch stellvertretend für den Paradiesbaum, weshalb er mit allerlei paradiesischen Früchten – Äpfeln, Nüssen und Gebäck – behängt ist. Die Weihnachtskugeln sind eine Erinnerung an die Äpfel des Paradieses. Der Brauch, den Baum mit Kerzen zu schmücken, entstand im Laufe des 19. Jahrhunderts. 1816 beschrieb E. T. A. Hoffmann in seinem Weihnachtsmärchen »Nussknacker und Mäusekönig« den Tannenbaum so: »… es ist ein Baum, der viele goldne und silberne Äpfel trug, und wie Knospen und Blüten keimten Zuckermandeln und bunte Bonbons und was es sonst noch für schönes Naschwerk gibt, aus allen Ästen. Als das Schönste an dem Wunderbaum muss wohl gerühmt werden, dass in seinen Zweigen hundert kleine Lichter wie Sternlein funkelten und er selbst in sich hinein- und herausleuchtend die Kinder freundlich einlud, seine Blüten und Früchte zu pflücken …«

Der Tannenbaum mit seinen schlanken, grünen Blättern und dem unvergleichlichen Duft ist die Nummer eins unter den Weihnachtsbäumen. Eine Tanne hält im warmen Zimmer wesentlich länger als eine Fichte. Oft bieten Forstämter die Möglichkeit, sich im Wald seinen eigenen Tannenbaum zu schlagen. Auch das Tannenbäumchen im Container (also mit dem Wurzelballen) wird immer beliebter. Es hat den großen Vorteil, dass es in den Garten gepflanzt werden kann und dort Fuß fasst.

Der schönste Baum

Ich kenn ein Bäumchen gar fein und zart,
das trägt euch Früchte seltener Art.
Es funkelt und leuchtet mit hellem Schein
weit in des Winters Nacht hinein.
Das sehen die Kinder und freuen sich sehr
und pflücken vom Bäumchen – und pflücken es leer!

Volksgut

Am Weihnachtsbaume die Lichter brennen …

Bevor der Christbaum nun im Zimmer steht, müssen wir zuvor einige Überlegungen anstellen: Wo soll er stehen, wie kann man ihn möglichst lange frisch halten?

Gleichgültig, ob man eine Blautanne, eine einfache Fichte oder eine edle Douglastanne gekauft hat: der Baum braucht Feuchtigkeit! Deshalb sollte er gleich nach dem Kauf mit lauwarmem Wasser abgespritzt werden – dabei wird der Baum zugleich sauber. Auch empfiehlt es sich, den Fuß des Baumes noch einmal zwei bis drei Zentimeter abzusägen und ihn dann sofort in einen Eimer zu stellen, der zu zwei Dritteln mit Wasser und zu einem Drittel mit Glycerin (aus der Apotheke) gefüllt ist. Günstig ist auch ein Eimer mit feuchtem Sand. Wichtig ist, dass der Baum so lange wie möglich kühl steht (Garage, Balkon). Erst am Tag vor dem Heiligen Abend trägt man ihn ins Zimmer, wo er in einem mit Wasser oder feuchtem Sand gefüllten Christbaumständer seinen Platz findet. Beim Schmücken des Baumes gehen wir zweckmäßigerweise von oben nach unten vor. Das gilt auch für das Aufstecken und Anzünden, nicht aber für das Ausblasen der Kerzen.

Auf keinen Fall darf der Christbaum in der Nähe von Gardinen oder Vorhängen stehen. Und brennbarer Schmuck darf nie unmittelbar über den Kerzen angebracht sein: Auch eine dünne Christbaumkerze wird sehr heiß! Die Kerzen brauchen also genügend Abstand zum nächsten Ast. Wenn die Kerzen angezündet sind, sollten in erreichbarer Nähe immer ein Eimer mit Wasser und ein feuchter Lappen vorhanden sein. Vor allem ab Silvester, wenn die Bäume dürr werden, ist besondere Vorsicht geboten!

Wenn Wachs heruntertropft …

In jedem Fall ist es ratsam, unter den Baum ein einfarbiges, neutrales Stoffstück zu legen (zum Beispiel einen alten, schweren Vorhang, eine Decke oder auch Goldpapierfolie). Das herabtropfende Wachs kann so keine Schäden mehr anrichten. Tropft trotzdem mal Wachs auf den guten Teppichboden, wird es mit Küchenrolle und heißem Bügeleisen abgebügelt. Wachs auf Glaskugeln entfernt man mit einem trockenen, sehr heißen Lappen.

Aber eigentlich ist es gar nicht erforderlich, das Wachs zu entfernen. Denn jeder Wachstropfen ist ein Stück Geschichte. Ich erinnere mich noch gut, als ich noch ein Kind war und meine Mutter mir sagte: »Dieser Wachstropfen auf der Glaskugel ist noch von Ur-Großmutter, als sie vor 50 Jahren Weihnachten feierte.« Fortan war diese meine Lieblingskugel.

Selbst gebastelte Strohsterne

MATERIAL
- *Strohhalme (Bastelgeschäft)*
- *Korken oder Radiergummi*
- *Stecknadel*
- *Goldschnur oder Bastelbast*

Im Bastelgeschäft gibt es bereits vorgeschnittene Strohhalme, die man einige Stunden in warmes Wasser legt, damit sie leichter zu verarbeiten sind. Die Halme können wir halbieren. Solange die Strohhalme noch feucht sind, lassen sich die Enden problemlos schräg anschneiden. In dieser Reihenfolge gehen wir vor:

1 Zunächst legen wir ein Kreuz. Damit die Halme nicht wegrutschen, fixieren wir sie mit einer Stecknadel auf einem Korken oder Radiergummi.

2 Das nächste Kreuz aus Strohhalmen legen wir versetzt. Jetzt machen wir die gelegten Kreuze mit Bastelbast oder einer Goldschnur fest. Motto: eins drüber, eins drunter. Am Ende wird der Faden gut verknotet.

3 Nun kann man die gleiche Prozedur wiederholen: nochmals ein doppeltes Kreuz legen, mit Faden festmachen. Beide Sterne müssen mit dem Goldfaden zusammengebunden werden: immer einmal den Faden oben drüber, einmal unten durch.

Die Alternative zum Basteln

Wer seinen Christbaumschmuck nicht selber herstellen kann oder will, findet auf dem Weihnachtsmarkt allerhand hübsche Handarbeiten. Auch wenn wir den Christbaumschmuck auf dem Weihnachtsmarkt gekauft haben, heißt es jetzt immer noch, den Weihnachtsbaum damit zu schmücken. Und da können wir unserer Fantasie und Kreativität freien Lauf lassen.

Traum

Ich lag und schlief; da träumte mir
ein wunderschöner Traum:
es stand auf unsrem Tisch vor mir
ein hoher Weihnachtsbaum.

Und bunte Lichter ohne Zahl,
die brannten ringsumher;
die Zweige waren allzumal
von goldnen Äpfeln schwer.

Und Zuckerpuppen hingen dran;
das war mal eine Pracht!
Da gab's, was ich nur wünschen kann
und was mir Freude macht.

Und als ich nach dem Baume sah
und ganz verwundert stand,
nach einem Apfel griff ich da,
und alles, alles schwand.

Da wacht' ich auf aus meinem Traum,
und dunkel war's um mich.
Du lieber, schöner Weihnachtsbaum,
sag' an, wo find ich dich?

Da war es just, als rief er mir:
»Du darfst nur artig sein;
dann steh' ich wiederum vor dir;
jetzt aber schlaf nur ein!

Und wenn du folgst und artig bist,
dann ist erfüllt dein Traum,
dann bringet dir der Heil'ge Christ
den schönsten Weihnachtsbaum.«

Hoffmann von Fallersleben, 1860

66

O Tannenbaum

1. O Tan-nen-baum, o Tan-nen-baum, wie treu sind dei - ne
Blät - ter! Du grünst nicht nur zur Som-mer-zeit, nein
auch im Win - ter, wenn es schneit. O Tan-nen-baum, o
Tan-nen-baum, wie treu sind dei - ne Blät - ter.

2. O Tannenbaum, o Tannenbaum, du kannst mir sehr gefallen.
Wie oft hat nicht zur Weihnachtszeit ein Baum von dir mich hocherfreut.
O Tannenbaum, o Tannenbaum, du kannst mir sehr gefallen.

Text: J. A. Zarnack, E. Anschütz
Melodie: Volkstümlich

Heilige Nacht

Es war an einem Weihnachtstag, alle waren zur Kirche gefahren, außer Großmutter und mir. Ich glaube, wir beide waren im ganzen Hause allein. Wir hatten nicht mitfahren können, weil die eine zu jung und die andere zu alt war. Und alle beide waren wir betrübt, dass wir nicht zum Mettegesang fahren und die Weihnachtslichter sehen konnten.

Aber wie wir so in unserer Einsamkeit saßen, fing Großmutter zu erzählen an.

»Es war einmal ein Mann«, sagte sie, »der in die dunkle Nacht hinausging, um sich Feuer zu leihen. Er ging von Haus zu Haus und klopfte an. ›Ihr lieben Leute, helft mir!‹, sagte er. ›Mein Weib hat eben ein Kindlein geboren, und ich muss Feuer anzünden, um sie und den Kleinen zu erwärmen.‹ Aber es war tiefe Nacht, so dass alle Menschen schliefen und niemand ihm antwortete. Der

Mann ging und ging. Endlich erblickte er in weiter Ferne einen Feuerschein. Da wanderte er dieser Richtung zu und sah, dass das Feuer im Freien brannte. Eine Menge weiße Schafe lagen rings um das Feuer und schliefen, und ein alter Hirt wachte über die Herde. Als der Mann, der Feuer leihen wollte, zu den Schafen kam, sah er, dass drei große Hunde zu Füßen des Hirten ruhten und schliefen. Sie erwachten alle drei bei seinem Kommen und sperrten ihre weiten Rachen auf, als ob sie bellen wollten, aber man vernahm keinen Laut. Der Mann sah, dass sich die Haare auf ihrem Rücken sträubten, er sah, wie ihre scharfen Zähne funkelnd weiß im Feuerschein leuchteten, und wie sie auf ihn losstürzten. Er fühlte, dass einer von ihnen nach seinen Beinen schnappte und einer nach seiner Hand, und dass einer sich an seine Kehle hängte. Aber die Kinnladen und die Zähne, mit denen die Hunde beißen wollten, gehorchten ihnen nicht, und der Mann litt nicht den kleinsten Schaden.

Selma Lagerlöf ist eine schwedische Erzählerin. Sie wurde am 20. 11. 1858 geboren und lebte bis 16. 3. 1940. Im Jahr 1909 wurde ihr der Literatur-Nobelpreis verliehen.

Nun wollte der Mann weitergehen, um das zu finden, was er brauchte. Aber die Schafe lagen so dicht nebeneinander, Rücken an Rücken, dass er nicht vorwärts kommen konnte. Da stieg der Mann auf die Rücken der Tiere und wanderte über sie hin dem Feuer zu. Und keins von den Tieren wachte auf oder regte sich.« So weit hatte Großmutter ungestört erzählen können, aber nun konnte ich es nicht lassen, sie zu unterbrechen. »Warum regten sie sich nicht, Großmutter?« fragte ich. »Das wirst du nach einem Weilchen schon erfahren«, sagte Großmutter und fuhr mit ihrer Geschichte fort. »Als der Mann fast beim Feuer angelangt war, sah der Hirt auf. Es war ein alter, mürrischer Mann, der unwirsch und hart gegen alle Menschen war. Und als er einen Fremden kommen sah, griff er nach einem langen, spitzen Stabe, den er in der Hand zu halten pflegte, wenn er seine Herde hütete, und warf ihn nach ihm. Und der Stab fuhr zischend gerade auf den Mann los, aber ehe er ihn traf, wich er zur Seite und sauste, an ihm vorbei, weit über das Feld.«

Als Großmutter soweit gekommen war, unterbrach ich sie abermals. »Großmutter, warum wollte der Stock den Mann nicht schlagen?« Aber Großmutter ließ es sich nicht einfallen, mir zu antworten, sondern fuhr mit ihrer Erzählung fort.

»Nun kam der Mann zu dem Hirten und sagte zu ihm: ›Guter Freund, hilf mir, und leih mir ein wenig Feuer. Mein Weib hat eben ein Kindlein geboren, und ich muss Feuer machen, um sie und den Kleinen zu erwärmen.‹ Der Hirt hätte am liebsten nein gesagt, aber als er daran dachte, dass die Hunde dem Manne

nicht hatten schaden können, dass die Schafe nicht vor ihm davongelaufen waren und dass sein Stab ihn nicht fällen wollte, da wurde ihm ein wenig bange, und er wagte es nicht, dem Fremden das abzuschlagen, was er begehrte. ›Nimm, soviel du brauchst‹, sagte er zu dem Manne.

Aber das Feuer war beinahe ausgebrannt. Es waren keine Scheite und Zweige mehr übrig, sondern nur ein großer Gluthaufen, und der Fremde hatte weder Schaufel noch Eimer, worin er die roten Kohlen hätte tragen können.

Als der Hirt dies sah, sagte er abermals: ›Nimm, soviel du brauchst!‹ Und er freute sich, dass der Mann kein Feuer wegtragen konnte. Aber der Mann beugte sich hinunter, holte die Kohlen mit bloßen Händen aus der Asche und legte sie in seinen Mantel. Und weder versengten die Kohlen seine Hände, als er sie berührte, noch versengten sie seinen Mantel, sondern der Mann trug sie fort, als wenn es Nüsse oder Äpfel gewesen waren.«

Aber hier wurde die Märchenerzählerin zum dritten Mal unterbrochen. »Großmutter, warum wollte die Kohle den Mann nicht brennen?«

»Das wirst du schon hören«, sagte Großmutter, und dann erzählte sie weiter.

»Als dieser Hirt, der ein so böser, mürrischer Mann war, dies alles sah, begann er sich bei sich selbst zu wundern: ›Was kann dies für eine Nacht sein, wo die Hunde die Schafe nicht beißen, die Schafe nicht erschrecken, die Lanze nicht tötet und das Feuer nicht brennt?‹ Er rief den Fremden zurück und sagte zu ihm: ›Was ist dies für eine Nacht? Und woher kommt es, dass alle Dinge dir Barmherzigkeit zeigen?‹

Da sagte der Mann: ›Ich kann es dir nicht sagen, wenn du selber es nicht siehst.‹ Und er wollte seiner Wege gehen, um bald ein Feuer anzünden und Weib und Kind wärmen zu können.

Aber da dachte der Hirt, er wolle den Mann nicht ganz aus dem Gesicht verlieren, bevor er erfahren hätte, was dies alles bedeute. Er stand auf und ging ihm nach, bis er dorthin kam, wo der Fremde daheim war.

Da sah der Hirt, dass der Mann nicht einmal eine Hütte hatte, um darin zu wohnen, sondern er hatte sein Weib und sein Kind in einer Berggrotte liegen, wo es nichts gab als nackte, kalte Steinwände.

Aber der Hirt dachte, dass das arme unschuldige Kindlein vielleicht dort in der Grotte erfrieren würde, und obgleich er ein harter Mann war, wurde er davon doch ergriffen und beschloss, dem Kinde zu helfen. Und er löste sein Ränzel von der Schulter und nahm daraus ein weiches, weißes Schaffell hervor. Das gab er dem fremden Manne und sagte, er möge das Kind darauf betten.

Aber in demselben Augenblick, in dem er zeigte, dass auch er barmherzig sein konnte, wurden ihm die Augen geöffnet, und er sah, was er vorher nicht hatte sehen, und hörte, was er vorher nicht hatte hören können.

Er sah, dass rund um ihn ein dichter Kreis von kleinen, silberbeflügelten Englein stand. Und jedes von ihnen hielt ein Saitenspiel in der Hand, und alle sangen sie mit lauter Stimme, dass in dieser Nacht der Heiland geboren wäre, der die Welt von ihren Sünden erlösen solle. Da begriff er, warum in dieser Nacht alle Dinge so froh waren, dass sie niemand etwas zuleide tun wollten. Und nicht nur rings um den Hirten waren Engel, sondern er sah sie überall. Sie saßen in der Grotte, und sie saßen auf dem Berge, und sie flogen unter dem Himmel. Sie kamen in großen Scharen über den Weg gegangen, und wie sie vorbeikamen, blieben sie stehen und warfen einen Blick auf das Kind.

Es herrschte eitel Jubel und Freude und Singen und Spiel, und das alles sah er in der dunkeln Nacht, in der er früher nichts zu gewahren vermocht hatte. Und er wurde so froh, dass seine Augen geöffnet waren, dass er auf die Knie fiel und Gott dankte.« Aber als Großmutter soweit gekommen war, seufzte sie und sagte: »Aber was der Hirte sah, das könnten wir auch sehen, denn die Engel fliegen in jeder Weihnachtsnacht unter dem Himmel, wenn wir sie nur zu gewahren vermögen.«

Und dann legte Großmutter ihre Hand auf meinen Kopf und sagte: »Dies sollst du dir merken, denn es ist so wahr, wie dass ich dich sehe und du mich siehst. Nicht auf Lichter und Lampen kommt es an, und es liegt nicht an Mond und Sonne, sondern was not tut, ist, dass wir Augen haben, die Gottes Herrlichkeit sehen können.«

Selma Lagerlöf, 1905

Wir verpacken Geschenke

Geschenke verpacken ist eigentlich kinderleicht. Wir müssen nur ein bisschen überlegen, was derjenige, dem dieses und jenes Geschenk gehört, gerne mag – und schon kann die Suche losgehen: Mama mag gerne Blumen – gibt es irgendwo im Haus Papierblumen, die auf dem Geschenk befestigt werden können? Papa ist Fan von einem Fußballverein – wo war denn gleich wieder der Schal, mit dem ich das Geschenk einwickeln könnte? Und Fabi, der große Bruder, liebt eine Popgruppe heiß und innig – da habe ich doch neulich in der Zeitung ein Bild gesehen. Könnte ich das vielleicht auf das Geschenk kleben? Für Menschen, die gerne im Garten arbeiten, kann ein leerer Blumentopf die Geschenkverpackung sein, für Eisenbahnfans ein Spielzeugzug, der mit dem Geschenk beladen wird …

Falls doch mal Bedarf nach Geschenkpapier besteht, kann man die Geschenkverpackung sehr schnell und originell selbst herstellen: ein Zeichenblatt, Packpapier, weiße Servietten oder auch Alufolie lassen sich wunderbar mit kleinen goldenen Sternchen verzieren, die aus einer Zeitschrift ausgeschnitten und auf das Papier aufgeklebt werden.

Eine besonders witzige Geschenkverpackung ist Zeitungspapier. Zum Geschenk passend, schneidet man nach dem Einpacken kleine Bilder, einzelne groß geschriebene Wörter oder nur einzelne Buchstaben, z.B. L / E / S / E / N, aus. Oft findet sich geeignetes Material dazu in Reklamebeilagen der Zeitung. Jetzt nur noch aufkleben – und fertig ist die originelle Verpackung!

Die Feier des Heiligen Abends

In vielen Gegenden ist es eine schöne Tradition, dass am Heiligen Abend die ganze Familie die (Kinder-)Christmette oder das Krippenspiel besucht. Aber auch zu Hause kann der Heilige Abend feierlich und festlich begangen werden. Der folgende Vorschlag, wie der Heilige Abend zu Hause gestaltet werden könnte, kann selbstverständlich ganz nach Belieben variiert werden: Die Familie versammelt sich um den festlich geschmückten, aber noch nicht erleuchteten Christbaum. Nur eine Kerze brennt. Dieses Licht reicht, um die Weihnachtsgeschichte vorzulesen oder zu erzählen:

Der Evangelist Lukas: Die Weihnachtsgeschichte

In jenen Tagen erließ Kaiser Augustus den Befehl, alle Bewohner des Reiches in Steuerlisten einzutragen. Dies geschah zum erstenmal; damals war Quirinus Statthalter von Syrien. Da ging jeder in seine Stadt, um sich eintragen zu lassen.

So zog auch Josef von der Stadt Nazareth in Galiläa hinauf nach Judäa in die Stadt Davids, die Bethlehem heißt; denn er war aus dem Haus und Geschlecht Davids. Er wollte sich eintragen lassen mit Maria, seiner Verlobten, die ein Kind erwartete. Als sie dort waren, kam für Maria die Zeit ihrer Niederkunft, und sie gebar ihren Sohn, den Erstgeborenen. Sie wickelte ihn in Windeln und legte ihn in eine Krippe, weil in der Herberge kein Platz für sie war.

In jener Gegend lagerten Hirten auf freiem Feld und hielten Nachtwache bei ihrer Herde. Da trat der Engel des Herrn zu ihnen, und der Glanz des Allerhöchsten umstrahlte sie. Sie fürchteten sich sehr; der Engel aber sagte zu ihnen: Fürchtet euch nicht, denn ich verkünde euch eine große Freude, die dem ganzen Volk zuteil werden soll: Heute ist euch in der Stadt Davids der Retter geboren; er ist der Messias, der Herr. Und das soll euch als Zeichen dienen: Ihr werdet ein Kind finden, das, in Windeln gewickelt, in einer Krippe liegt. Und plötzlich war bei dem Engel ein großes himmlisches Heer, das Gott lobte und sprach: Verherrlicht sei Gott in der Höhe, und auf Erde ist Frieden bei den Menschen seiner Gnade.

Als die Engel die Hirten verlassen hatten und in den Himmel zurückgekehrt waren, sagten die Hirten zueinander: Kommt, wir gehen nach Bethlehem, um das Ereignis zu sehen, das uns der Herr verkünden ließ. So eilten sie hin und fanden Maria und Josef und das Kind, das in der Krippe lag. Als sie es sahen, erzählten sie, was ihnen über dieses Kind gesagt worden war. Und alle, die es hörten, staunten über die Worte der Hirten. Maria aber bewahrte alles, was geschehen war, in ihrem Herzen und dachte darüber nach. Die Hirten kehrten zurück, rühmten Gott und priesen ihn für das, was sie gesehen und gehört hatten; denn alles war so gewesen, wie es ihnen gesagt worden war.

Lukas 2, 1–20; um 70 n. Chr.

Gemeinsames Singen von Weihnachtsliedern

Während ein Erwachsener die Weihnachtsgeschichte erzählt, kann ein Kind die Krippenfiguren aufstellen: Maria und Josef kehren in den Stall nahe Bethlehem ein. Dort wird Jesus geboren: Maria, Josef und Jesus werden in die Krippe gestellt bzw. gelegt. Die Engel verkünden den Hirten von der Geburt: Auf den umliegenden Hügeln stellen wir die Engel auf. Die Hirten machen sich auf den Weg zum Christkind: Die Hirten werden hervorgeholt. Sie begeben sich auf den Weg zur Krippe. Als Nächstes entzünden die Eltern die Kerzen des Weihnachtsbaumes. Dann kann man gemeinsam ein Lied singen, zum Beispiel das aus Böhmen stammende »Kommet, ihr Hirten«, oder das gute alte sizilianische Schifferlied »O du fröhliche«.

O du fröhliche

74

2. O du fröhliche, o du selige,
gnadenbringende Weihnachtszeit!
Christ ist erschienen, uns zu versühnen;
freue, freue dich, o Christenheit.

3. O du fröhliche, o du selige,
gnadenbringende Weihnachtszeit!
Himmlische Heere jauchzen dir Ehre.
Freue, freue dich, o Christenheit!

Text: Johannes Falk, 1816
Melodie: Sizilianisches Schifferlied

Kommet, ihr Hirten

1. Kom - met, ihr Hir - ten, ihr Män - ner und Fraun!

Kom - met, das lieb - li - che Kind - lein zu schaun!

Chris - tus, der Herr, ist heu - te ge - bo - ren, den Gott zum Hei - land

euch hat er - ko - ren. Fürch - tet euch nicht!

2. Lasset uns sehen in Bethlehems Stall,
was uns verheißen der himmlische
Schall.
Was wir dort finden, lasset uns künden,
lasset uns preisen in frommen Weisen:
Halleluja!

3. Wahrlich, die Engel verkündigen heut
Bethlehems Hirtenvolk gar große Freud.
Nun soll es werden Friede auf Erden,
den Menschen allen ein Wohlgefallen.
Ehre sei Gott!

Text: Carl Riedel
Melodie: aus Böhmen, 1870

Endlich ist es soweit: die Geschenke dürfen überreicht werden! Zum Ausklang unserer gemütlichen Familienfeier singen wir noch ein Lied, dessen Melodie und Text aus Böhmen stammen (siehe Seite 76).

Komm, wir gehn nach Bethlehem

1. Kommt, wir gehn nach Beth - le - hem,
di - del - du - del di - del - du - del di - del - du - del - dei!
Je - su _ Christ, Her - re _ mein, wie - gen wolln wir _ dich gar fein.

2. Hansl, blas die Flöte du,
dideldudel dideldudel dideldudeldei!
Jesu Christ, Herre mein, wiegen wolln wir dich gar fein.

3. Seppl, spiel den Dudelsack,
dideldudel dideldudel dideldudeldei!
Jesu Christ, Herre mein, wiegen wolln wir dich gar fein.

4. Und du Görgl, streich die Fidel,
dideldudel dideldudel dideldudeldei!
Jesu Christ, Herre mein, wiegen wolln wir dich gar fein.

5. Christof, lass den Bass erklingen,
dideldudel dideldudel dideldudeldei!
Jesu Christ, Herre mein, wiegen wolln wir dich gar fein.

Die Geschichte der Bescherung

Früher wurden am Nikolaustag Kinder und Freunde mit kleinen Geschenken bedacht. Dieser Brauch ist bei uns auf den Heiligen Abend übergegangen. Im 16. Jahrhundert schickte das »Christkind« den Kindern seine Geschenke ins Haus. Der eigentliche Ursprung der Geschenke − ob früher oder heute − aber heißt: Gott hat den Menschen ein unglaubliches Geschenk gemacht. Er sandte seinen Sohn auf die Erde.

Was unter dem Weihnachtsbaum liegt

Von der Mutter ein Kleid aus Seide
und zum Zeichnen und Malen Kreide.
Vom Vater ein Buch mit Geschichten
von Heinzelmännchen und Wichten.
Vom Paten ein goldenes Amulett,
vom Onkel Fritz ein Puppenbett.
Von Tante Lina ein Paar Hosen
und ein Lebkuchen mit Rosen.
Sind wir reich oder arm?
Ist es uns kalt oder warm?
Müsste nicht noch etwas sein,
nicht groß und nicht klein,
was nicht im Schaufenster steht
und was niemand kaufen geht?
Ich frage, ich bin so frei:
Ist auch etwas vom Christkind dabei?

Max Bolliger

Die Zeit zwischen Weihnachten und Neujahr

Sobald das Weihnachtsfest vorbei ist, können wir mit den ersten »Aufräumarbeiten« beginnen. Silvester schließt den Ring des Kalenderjahres. An diesem Abend, oder besser gesagt in der Silvesternacht, haben alte Bräuche Hochkonjunktur: So glauben die Menschen, aus der Form eines in Wasser gegossenen Bleistückchens die Ereignisse des kommenden Jahres vorhersagen zu können; böse Geister, die an der Schwelle des kommenden Jahres stehen, sollen durch Feuerwerke vertrieben werden usw. Manche Menschen halten auch Rückschau auf das vergangene Jahr. Als Christen gilt unser Dank Gott, der uns dieses Jahr geschenkt hat. Ein Jahr geht zu Ende heißt somit: von dem Guten des vergangenen Jahres zehren, aber auch von den Misserfolgen lernen. Um Mitternacht tönen allerorten Glocken von den Kirchtürmen.

Das Weihnachtsbäumlein

Es war einmal ein Tännelein
mit braunen Kuchenherzelein
und Glitzergold und Äpflein fein
und vielen bunten Kerzlein:
Das war am Weihnachtsfest so grün,
als fing es eben an zu blühn.

Doch nach nicht gar zu langer Zeit,
da stand's im Garten unten,
und seine ganze Herrlichkeit
war, ach, dahingeschwunden.
Die grünen Nadeln warn verdorrt,
die Herzlein und die Kerzlein fort.

Bis eines Tags der Gärtner kam,
den fror zuhaus im Dunkeln,
und es in seinen Ofen nahm –
hei! tat's da sprühn und funkeln!
Und flammte jubelnd himmelwärts
in hundert Flämmlein an Gottes Herz.

Christian Morgenstern, 1861

Weitere Ideen für die Weihnachtszeit

Ist Ihnen schon einmal aufgefallen, dass es auch im Winter Blüten zu bewundern gibt? Es sind die Eiskristalle. Mit einer Lupe können wir die wunderschönen Naturbilder genau ansehen; mit einer weißen Wachsmalkreide können wir sie auf schwarzes Tonpapier nachzeichnen.

Weihnachts- und Neujahrskarten

Sie lassen sich gut mit Wollfadendruck herstellen. Dafür kleben wir einfache Formen (zum Beispiel Sterne) und Symbole (zum Beispiel eine Kerze) mit Wollfäden auf ein Blatt in Kartenformat. Dann streichen wir Klebstoff in der gewünschten Form auf das Blatt, lassen ihn etwas antrocknen und drücken dann einen oder mehrere Wollfäden auf. Sind die Bilder getrocknet, können wir entstandenen Wollbilder noch bunt mit Plakafarbe bestreichen und auf eine Karte aufdrucken.

Vogelhäuschen

Die Vögel sollen in dieser Weihnachtszeit nicht hungern! Wir stellen deshalb einen Vogelweihnachtsbaum zusammen: Im Garten oder auf dem Balkon wird eine dicke Futtergarbe aufgebaut. Das sind an eine kahle Astgabel gebundene Kugeln mit gefüllten Mohnkapseln, Getreideähren mit Körnern, gekaufte Sonnenblumenringe und Futterknödel – ein Festschmaus für unsere gefiederten Freunde!

Speiseplan per Losverfahren

Wenn Sie am Heiligen Abend gemeinsam ein schönes Essen zaubern wollen, bietet sich das folgende Losverfahren an: Einige Tage vor dem Festtag werden Lose beschrieben und gezogen – da gibt es einiges zu gewinnen: nämlich Tisch decken und Dekorieren am Heiligen Abend, Vorspeise kochen am Heiligen Abend, Nachspeise zubereiten am Heiligen Abend, Abspülen am Heiligen Abend – und dasselbe für den ersten und zweiten Weihnachtsfeiertag. Mutti hat »nur« noch für das Hauptgericht zu sorgen. Alles andere wird von der Restfamilie erledigt – vom Einkauf über die Zubereitung bis hin zum Abwasch.

Der Neujahrstag

Der Jahresanfang lag keineswegs immer am 1. Januar. Im alten Rom begann das neue Jahr mit dem Amtsantritt der neuen Beamten. Dies war am 15. März der Fall, die berühmten Iden des März, an denen Julius Caesar ermordet wurde. Mit der Einführung des Julianischen Kalenders (45 v. Chr.), der seinen Namen ebenfalls Julius Caesar verdankt, galt für Rom der 1. Januar als offizieller Beginn des neuen Jahres.

Die Kirche feierte ihre eigenen Jahresanfänge. Im 3. Jahrhundert war dies zunächst der Epiphanietag, der 6. Januar. Im 6. Jahrhundert wurde das Weihnachtsfest als der christliche Neujahrstag begangen. Mit der Gregorianischen Kalenderreform (1582) brachte die Kirche ihren Kalender mit dem Julianischen in Einklang. Der Jahreskreis der kirchlichen Feste beginnt jedoch seit dem 10./11. Jahrhundert mit dem ersten Adventsonntag. Die Kirche feiert das Hochfest der Mutter Maria am 1. Januar.

Neujahrsgedicht

Wir wünschen der Mutter, dem Vater und allen,
ein glückseliges neues Jahr nach Gefallen,
Gesundheit, langes Leben und alles daneben,
was euer Herz wünscht,
ja, das soll euch Gott geben!

Altes Neujahrslied,
mündlich überliefert

Zum Neuen Jahr

Ich wünsche euch aus Herzensgrund
ein gutes Jahr zur Stund,
ein Neues Jahr, das auch erquickt
und alles Übel von euch schickt!

Johann Wolfgang von Goethe

Verschiedene Glücksbringer für das Neue Jahr

Nach einem gemeinsamen Gottesdienst am Silvesterabend kann sich die Familie gemütlich zu einem ausgedehnten Festessen zusammensetzen und mit Hilfe eines Fotoalbums oder eines Terminkalender Rückschau halten. Jeder kann »seine« Geschichte des Jahres erzählen.

An Neujahr pflegen viele von uns Dinge zu verschenken, die Glück bringen sollen: etwa ein Glücksschweinchen aus Schokolade oder Marzipan (wer früher ein Schwein hatte, war reich; Fleisch gab es ja nur sehr selten zu essen), einen Schornsteinfeger (zum Jahreswechsel brachte der Kaminkehrer die Jahresrechnung ins Haus und wünschte dabei viel Glück), ein Hufeisen (es soll böse Hexen fernhalten, weil diese angeblich Angst vor Pferden haben), einen Glückspfennig oder ein vierblättriges Kleeblatt.

Wer noch schnell einen Glücksbringer zum Verschenken braucht, kann leicht selbst ein Glücksschwein aus Marzipan herstellen. Es geht ganz einfach:

1 Verkneten Sie etwas Marzipanrohmasse mit Puderzucker, und formen Sie kleine Kugeln.

2 Danach bilden Sie kleine Schweinchen mit Schnauze, Füßchen und Ringelschwanz. Das Maul muss besonders gut gearbeitet sein, weil wir genau dorthin einen Glückspfennig oder ein Glückskleeblatt aus Plastik einstecken wollen.

3 Um Punkt 24 Uhr stoßen wir mit unserer Familie und unseren Freunden mit einem Glas Sekt (Kinder: Limonade oder Apfelsaft) an und wünschen uns gegenseitig ein frohes und glückliches neues Jahr.

Das Fest der Heiligen Drei Könige

Der Tag, an dem wir das Fest der Heiligen Drei Könige begehen (6. Januar), heißt auch Erscheinung des Herrn oder Epiphanie. Im Mittelpunkt des Festes stehen die drei Weisen aus dem Morgenland, die dem Stern gefolgt sind. Der Stern ist gewandert, die drei Weisen zogen mit und fanden das Kind Jesus. Mit dem sechsten Januar ist die Weihnachtszeit endgültig beendet. Die drei Weisen haben die Namen Caspar, Melchior und Balthasar. Caspar (persisch = Schatzmeister) brachte aus Afrika Myrrhe mit; Balthasar (Lichtkönig) schenkte den Weihrauch, und Melchior (Gottesschutz) kam mit Gold nach Bethlehem.

Schon manch einer hat die Geschichte von den Heiligen Drei Königen in der Bibel vergeblich gesucht – und dabei den einzigen Hinweis im zweiten Kapitel des Matthäus-Evangeliums gefunden: »Siehe, da kamen die Weisen vom Morgenland gen Jerusalem und sprachen: Wo ist der neugeborene König der Juden?« Mehr berichtet die Bibel dazu nicht.

Von einem Tag zum andern

1. Von ei-nem Tag zum an-dern, ein Stern be-ginnt zu wan-dern. Wir zie-hen_ mit, wir zie-hen mit.

2. Der Stern ist uns ein Zeichen, von dem wir nicht mehr weichen.
Wir folgen ihm, wir folgen ihm.

3. Wir setzen neue Zeichen, indem wir Hände reichen.
Wir kehren um, wir kehren um.

4. Wenn wir nach dir, Gott, fragen und so zu leben wagen:
Sei du mit uns, sei du mit uns!

Aus: Essener Adventskalender
Bistum Essen, 1978

Sie folgen dem Stern

Es ist Nacht, es ist eine dunkle Nacht, es ist finster, und alle schlafen, schlafen in den Bergen … schlafen in den großen Städten … schlafen in Burgen … schlafen in Hütten – es ist still und keiner weiß etwas. Aber diese Nacht ist nicht wie andere Nächte. Diese Nacht ist keine gewöhnliche Nacht. In dieser Nacht erscheint plötzlich ein Stern am Himmel, der ist so schön und so groß, dass er heller als alle anderen Sterne leuchtet.

Die Hirten in den Bergen wachen auf und sehen sich um. Der Himmel ist hell, und sie hören eine wunderbare Musik. Engel singen und spielen auf Instrumenten – sie verkünden eine Botschaft: In dieser Nacht ist Christus geboren, der verheißene Erlöser.

In dieser Nacht, die dunkel und still ist, in dieser Nacht, in der ein leuchtender Stern am Himmel erscheint, schlafen weit entfernt im Morgenland drei Weise – drei große Könige.

Sie schlafen … Aber der Stern, der über den Himmel zieht, steht still über dem Palast. Plötzlich ist es hell in dem Land, die Weisen werden wach und hören die Botschaft der Engel. Der lang erwartete Tag ist da, sie schauen in die alten Schriften und sind voller Freude – und einer nach dem anderen macht sich auf den Weg. Der dritte König ruht sich noch aus in seiner prachtvollen Stadt, bis der Stern kommt. »Steh auf, der Messias ist geboren!«, ruft der Engel vom Himmel. Und auch der dritte König bereitet sich vor für die Reise, wie die beiden anderen. Sie kennen sich noch nicht, nur ihre Gedanken führen sie zusammen. Sie wollen den König der Könige suchen und ihm Geschenke bringen: Gold, Weihrauch und Myrrhe. Sie müssen weit reisen, aber keiner fürchtet sich. Der Stern führt sie. Sie wandern nach Westen – sie kommen durch Städte, sie kommen durch Dörfer, sie gehen bei Tag, sie gehen bei Nacht, sie gehen und gehen …

Dann, am Morgen eines Tages, kommen sie in die Wüste. Die Wüste ist trocken, heiß und staubig. Aber der Stern führt sie, und sie gehen sicher. Sie wissen, wohin sie gehen. Sie wissen, warum sie gehen – sie sind durch viele Orte gekommen, sie sind über viele Berge gekommen, auf einmal sind sie am Meer. Das Meer ist groß – unendlich. Nur ein einziges Schiff liegt am Ufer. Aber das Geld, das sie mitgebracht haben, reicht nicht. Sie können nicht mehr weiter. Sie überlegen, was sie tun sollen. Der neugeborene König wartet auf sie – sie müssen doch weiterreisen. Sie geben dem Schiffsmann ihre Kronen, damit er sie auf sein Schiff lässt für die Reise. Sie dürfen mitfahren – sie kommen wieder vorwärts. Hoch oben vom Mast aus sehen sie den weiten Himmel, sie kommen an anderen Schiffen vorbei und grüßen. Sie sehen Inseln und Felsklippen, sie fahren und fahren …

Eines Tages – nach langer Zeit – fährt das Schiff in einen Hafen, und die weisen Könige gehen aufs Festland. Sie sehen eine große Stadt, die ist golden und leuchtend und hat viele schöne Häuser. Die Stadt ist dunkel und in einer Mauer geborgen, die Türme reichen bis in den Himmel. Die Weisen haben noch nie eine solche Stadt gesehen. Die Stadt heißt Jerusalem und ist wunderschön. Sie gehen durch Tore und Bögen, sie gehen an Gärten und singenden Brunnen vorbei – sie kommen vor einen großen Palast. Da lässt der König sie rufen – König Herodes! Herodes spricht mit ihnen und fragt, wohin sie gehen wollen und welchen König sie suchen – er spricht mit ihnen in einer milden Sprache, aber sein

Herz ist voll Neid und Bosheit. Er hat Angst um seinen Thron, und er hat viele Berater um sich, die flüstern mit ihm. Er will diesen neugeborenen König töten – er versteht die Prophezeiung von diesem Messias nicht. Er lässt die drei weisen Könige weiterwandern, aber sie sollen ihm bei der Rückkehr sagen, wo der neugeborene König ist. Die Weisen gehen fort. Herodes lacht – seine Berater lachen – und Herodes lässt die Schwerter schleifen.

Aber bevor die drei Weisen aus der Stadt gehen, sagt ihnen der Engel, was der böse König vorhat. Der Engel sagt, dass sie nicht in die Stadt zurückkehren dürfen. Sie wandern weiter, bis der Stern über einer kleinen Stadt stehen bleibt. So kommen sie nach Bethlehem. Sie schütteln den Sand aus den Sandalen und putzen den goldenen Kasten mit den herrlichen Geschenken blank. Sie wischen sich den Schweiß von der Stirn und streichen ihre Mäntel glatt. Und dann kommen sie zum Christkind. Sie verbeugen sich tief und geben ihm die Geschenke: Gold, Weihrauch und Myrrhe, und nennen ihn den König der Könige.

Damals freuten sich die Hirten, dass vor so einem kleinen Kind so große Könige sich beugten. Sie haben verstanden, dass es nicht nur der König der Hirten, sondern auch der weisen Könige ist. Sie haben begriffen, dass es der Messias für alle ist, für die, die Macht haben, und für die, die unter Sternen schlafen.

Stepan Zavrel, 1978

Der Osterfestkreis

Der Februar steht im Zeichen der Fastnacht. Gegen die Kälte und den Frost helfen Tanz und Narrentreiben: »Ohne Fastnacht und Mummenspiel ist am Februar nicht viel«, sagt ein altes Sprichwort. Uralte Bräuche leben im Fastnachtstreiben wieder auf und haben sich zum Teil bis heute erhalten. Typische Formen sind Tanz, Gelage, Maskentragen, Fastnachtsspiele, Heischebräuche, scherzhafte Rügespiele und Verspottungen. Die Kirche war schon früh veranlasst, dem überhand nehmenden Fastnachtstreiben entgegenzuwirken, das seit dem 15. Jahrhundert auch auf die Verspottung kirchlicher Institutionen (zum Beispiel den Papst) zielte. Eine völlig neue Tradition begründete das protestantische Basel im 19. Jahrhundert mit Pfeiferaufzügen am Montag, Dienstag und Mittwoch in der Woche nach Aschermittwoch.

Fasching, Karneval und Fastnacht

Früher galt als Fastnacht nur die Nacht bzw. der Vorabend zum Aschermittwoch. Nach und nach wurde die närrische Zeit jedoch nach vorne geschoben und auf mehrere Wochen ausgedehnt. Ab dem 19. Jahrhundert ist Fastnacht in manchen Gegenden schon an Dreikönig nachweisbar, heute beginnt der Fasching vielerorts bereits am 11.11. des Vorjahres, und zwar pünktlich um 11 Uhr 11 – zumindest in Düsseldorf, Köln und Mainz. Ab diesem Zeitpunkt beginnen überall die Faschingsbälle, bei denen auch Faschingsprinzessin und Faschingsprinz auftreten.

Im Karneval

Im Karneval, im Karneval
tut jeder was er kann.
Der Egon geht als Eskimo,
und Ernst als schwarzer Mann.

Der dicke Ritter Kunibert,
der hat es gleich entdeckt,
dass unter dem Kartoffelsack
des Nachbarn Hansel steckt.

Der Franzl geht als Zauberer
und Fritz ist Polizist,
doch niemand hat bisher erkannt,
wer dort die Hexe ist.

Die Lehrerin ist Hans im Glück,
Klein Ruth spielt Lehrerin,
und unsere Marktfrau Barbara
ist Schönheitskönigin.

Bruno Horst Bull

Fastnacht

Das sind so Sachen!
War einmal ein Wichtelmann,
trug des Riesen Hose.
Passte nicht!
Armer Wicht:
Fiel auf seine Nose.
Das sind so Wichtelsachen.
Hüte dich jedoch zu lachen!
Sonst – das ist nicht wenig –
zahlst du zwanzig Pfennig!

War einmal ein Riesenkerl,
ging zum Wichtel Hutzlich.
War zu groß,
viel zu groß:
Stürzte ganz entsutzlich!
Das sind so Riesensachen.
Hüte dich jedoch zu lachen!
Sonst – das ist nicht wenig –
zahlst du zwanzig Pfennig!

War einmal ein Zottelbär,
trug des Lehrers Brille.
Sah nichts mehr,
Armer Bär:
Fiel in eine Quille.
Das sind so Bärensachen.
Hüte dich jedoch zu lachen!
Sonst – das ist nicht wenig –
zahlst du zwanzig Pfennig!

Ungarisches Volksgut

Rumsdidel, dumsdidel, Dudelsack

1. Rums - di - del, dums - di - del, Du - del - sack, heu - te trei-ben wir Scha - ber - nack! Heu - te wird Mu - sik ge - macht: Ein Mal nur ist Fa - se - nacht!

2. Rumsdidel, dumsdidel, Fidelbogen,
heute wird durchs Dorf gezogen.
Keiner soll uns Narren kennen
und bei unserm Namen nennen.

3. Rumsdidel, dumsdidel, Paukenschlag,
ab morgen zählen wir jeden Tag,
bis das alte Jahr verklingt
und die neue Fastnacht bringt.

Text: Carola Wilke
Melodie: Hans Helmut Dietl

Von Weiberfastnacht bis Aschermittwoch

Für eine kurze Zeitspanne im Jahr regiert eine andere, eben die verkehrte Welt. Was sonst als normal oder richtig gilt, wird jetzt total auf den Kopf gestellt. In dieser Zeit sind überall Närrinnen und Narren unterwegs und feiern – je nach Region – Fasching, Fasnet, Fastnacht oder Karneval. Die Fastnacht richtet sich nach dem Beginn der Fastenzeit. Die letzen heißen Faschingstage beginnen mit der »Weiberfastnacht« am letzten Donnerstag vor Aschermittwoch. Fastnachtssonntag, Rosenmontag und Fastnachtsdienstag sind Höhepunkte und zugleich Schlusspunkte. Dann kommt der Aschermittwoch und mit ihm die Fastenzeit.

Hiermit hängen auch die verschiedenen Bezeichnungen von Fastnacht zusammen: Ab sofort soll auf Fleisch verzichtet werden. Fleisch, leb' wohl heißt im Lateinischen carne vale – daher der Name Karneval.

Auch das Wort »Fasching« steht mit der Fastenzeit im Zusammenhang. Es bedeutet so etwas wie Ausschank vor der Fastenzeit (vast-schanc lautet das ursprüngliche Wort). Im Wort Fastnacht steckt das alte deutsche Wort faseln: dummes Zeug reden.

Wir basteln Flatterfolien

BASTELN

MATERIAL
- ⊕ 1 Plastiktüte
- ⊕ Schere, Blumendraht
- ⊕ 1 Ast oder Stock

Die vergnügte Fastnachtsstimmung des Liedes »Rumsdidel« kann mit Musikinstrumenten aller Art hervorragend begleitet werden: mit umgedrehten Töpfen, aneinander geschlagenen Topfdeckeln, selbst gebastelten Rasseln (in eine leere Blechdose eine Handvoll Kies schütten und verschließen) oder auch mit Flatterfolien. Diese basteln wir folgendermaßen:

1 Wir schneiden die Tüte in etwa vier Zentimeter breite Streifen und bohren am Ende jedes Streifens mit Blumendraht ein Loch.

2 Mit dem Blumendraht befestigen wir die Streifen an einem möglichst geraden, festen Stock (Ast).

3 Jetzt können wir die fertig gestellte Flatterfolie zu dem Lied durch die Luft schwenken.

Faschingspunsch für Jung und Alt

ZUTATEN

- 1 l roter Traubensaft
- 1 l Orangensaft
- 1 l Hagebuttentee
- 8 EL Honig

1 Alle Zutaten werden in einem Topf erwärmt (nicht kochen!) und dann mit Honig gesüßt. Dieses köstliche und vitaminreiche Getränk eignet sich ausgezeichnet für alle möglichen Faschingsfeten.

2 Den Punsch in hübsche Gläser füllen und reichlich an Jung und Alt verteilen.

Bei Kindern ist der Punsch besonders beliebt, weil er sehr süß schmeckt.

Köstliche Mutzenmandeln

ZUTATEN

- 270 g Mehl
- 1 TL Backpulver
- 50 g Butter
- 40 g Zucker
- Eine abgeriebene Schale einer halben Zitrone
- 2 Eier
- 1 EL saure Sahne
- Butterschmalz zum Ausbacken
- Puderzucker

Im Kölner Raum, der Hochburg des Karneval, sind neben den Karnevalskrapfen auch die so genannten Mutzenmandeln sehr beliebt bei großen und kleinen Narren.

1 Mehl und Backpulver mischen und mit den restlichen Zutaten zu einem Teig verkneten. 30 Minuten ruhen lassen, dann den Teig etwa einen Zentimeter dick ausrollen.

2 Mit dem Teigrädchen kleine Rauten ausradeln und in das heiße Butterschmalz geben.

3 Sind die Mutzenmandeln knusprig goldbraun, nimmt man sie heraus, lässt sie auf Küchenkrepp abtropfen und bestäubt sie mit Puderzucker.

Jetzt treiben wir den Winter aus

Die Winteraustreibung ist eng mit der Fastnacht verknüpft. In diesen Tagen wird mancherorts symbolisch eine Strohpuppe verbrannt. Dahinter steckt ein alt-heidnisches, bäuerliches Frühlingsfest. Schrecklich dreinblickende Masken und lärmende Figuren sollen den Winter und seine bösen Geister austreiben und den guten Geistern des Frühlings zum Einzug verhelfen.

Wir basteln eine Faschingsmaske

BASTELN

MATERIAL
- *1 großer, weißer Pappteller (wie zum Picknick)*
- *Schere*
- *Ein paar Malfarben (Wachs-malkreiden oder Wasserfarbe)*
- *Kleber*
- *Luftschlangen*
- *1 Hutgummiband*

1 Zuerst passen wir den Pappteller unserer Gesichtsform an, indem wir Augen, Nase und Mund markieren.
2 Dann schneiden wir mit der Schere die Öffnungen für Augen, Nase und Mund – sie sollen mög-lichst verwegen aussehen. Mit Was-serfarbe oder einer anderen Farbe ziehen wir dann die Augen-, Mund- und Nasenränder nach.
3 Nun bekleben wir die Maske je nach Geschmack mit bunten Luft-schlangen. Wer will, kann dem Furcht erregenden Gesicht noch ei-ne verwegene Mütze oder wirr her-umhängende Haare aus Luftschlan-gen verpassen.
4 Abschließend fädeln wir das Hutgummiband an beiden Seiten der Maske in Ohrenhöhe durch und verknoten es. Nun hat der Winter bestimmt keine Chance mehr!

93

BASTELN

Lauter Knall aus der Fahrradpumpe

MATERIAL

⊕ *Alte Fahrradpumpe*
⊕ *Weinkorken*
⊕ *Handbohrer*
⊕ *Schnur (ca. 40 cm lang)*
⊕ *Schere*
⊕ *Sticknadel*

Damit der Winter wirklich abzieht und nicht mehr zurückkehrt, müssen wir ihm mit einem wirklich lauten Knall einen tüchtigen Schrecken einjagen!

1 Dazu brauchen wir eine alte Fahrradpumpe, einen Weinkorken, einen Handbohrer, eine etwa 40 Zentimeter lange Schnur, eine dicke Sticknadel und eine Schere: Zuerst nehmen wir von der Fahrradpumpe den Ventilanschluss ab, dann bohren wir ein Loch quer durch den Korken.

2 Als Nächstes ziehen wir die Schnur mit der Sticknadel durch das Loch, verknoten sie am anderen Ende und stecken sie in das offene Pumpenrohr.

3 Das andere Ende der Schnur verknoten wir am beweglichen Teil der Pumpe. Wenn man pumpt, fliegt der Korken mit einem lauten Knall aus dem Pumpenende heraus – und der Winter sucht sofort das Weite, wetten?

Die Fastenzeit

Pünktlich mit dem Aschermittwoch ist das närrische Treiben mit einem Pauken-schlag vorbei. Jetzt ist Zeit für die innere Einkehr, im Christentum beginnt die 40-tägige Fastenzeit als Vorbereitung auf das Osterfest. 40 Tage deshalb, weil Jesus sich so lange in die Wüste zurückzog, um alleine zu sein, zu fasten und zu beten, ehe er nach Jerusalem ging. Die Zahl 40 spielt in der Bibel überhaupt ei-ne wichtige Rolle: 40 Tage lang dauerte die große Sintflut; das Volk Israel wan-derte 40 Jahre durch die Wüste, bevor es ins auserwählte Land kam; 40 Tage predigte der Prophet Jonas den Leuten der Stadt Ninive, dass sie umkehren sol-len; und 40 Tage lang zeigte sich Jesus nach seiner Auferstehung seinen Jün-gern. Die Zahl 40 ist somit die Zahl der Prüfung, der Erwartung, der Vorberei-tung und Umkehr.

Im Judentum galt Fasten als Reinigungsmittel vor bestimmten kultischen Hand-lungen, als persönliches Opfer oder als Sühne und als Mittel der Askese. Im Al-ten Testament war das Fasten ein Akt der Demut und Buße, um den Zorn Gott-es zum Mitleid zu wenden. In der katholischen Kirche gelten Aschermittwoch und Karfreitag als strenge Fastentage. An diesen Tagen sollen sich die Erwach-senen nur ein Mal sattessen und auf Fleischspeisen verzichten.

Der eigentliche Sinn des Fastens

Fasten hat nichts damit zu tun, in Sack und Asche herumzulaufen. Fasten heißt nicht, mit einem traurigen Gesicht Opfer zu bringen und sich selbst zu quälen, um in den Himmel zu kommen. Jesus hat vielmehr gesagt: »Wenn ihr fastet, macht kein finsteres Gesicht … Wenn du fastest, salbe dein Haar und wasche dein Gesicht« (Mt 6, 16–17). Fasten bedeutet also überhaupt nichts Negatives, es ist ein positiver Vorgang. Fasten ist ein Prozess der inneren Befreiung, ein Prozess der bewussten menschlichen Weiterentwicklung und somit ein Ausdruck der Lebensfreude. Beim Fasten sollte es heute eigentlich weniger um den Verzicht auf Essen gehen; vielmehr soll das innere Fasten in den Mittelpunkt gestellt werden. Auch Kinder kön-nen überlegen, ob sie mit sich und ihrem Verhalten immer zu-frieden sind bzw. was sie besser machen können – schon das ist eine Art des Fastens bis zum Osterfest.

Inneres Fasten kann bedeuten:
- *Das Herz öffnen*
- *Streitigkeiten beilegen*
- *Mit sich und anderen ins Reine kommen*
- *Solidarität mit den Armen*
- *Bewusst Verzicht üben*

Alles hat seine Stunde

Alles hat seine Stunde. Für jedes Geschehen unter dem Himmel gibt es eine bestimmte Zeit … eine Zeit zum Weinen und eine Zeit zum Lachen, eine Zeit für die Klage und eine Zeit für den Tanz.

Koh 3, 1–4; 3. Jh. v. Chr.

Fastenzeit

Ein kleines Steinchen rollte munter
von einem hohen Berg herunter.
Und als es durch den Schnee so rollte,
ward es viel größer als es wollte.
Da sprach der Stein mit stolzer Miene:
»Jetzt bin ich eine Schneelawine.«
Er riss im Rollen noch ein Haus
und sieben große Bäume aus.
Dann rollte er ins Meer hinein,
und dort versank der kleine Stein.

Joachim Ringelnatz, 1930

Einer der größten alttestamentlichen Propheten war Ezechiel. Er lebte im sechsten Jahrhundert vor Christus und verstand sich als Sprachrohr Gottes, als unermüdlicher Warner wider den Zeitgeist und die Hartherzigkeit der Menschen. Aber viele wollten seine Botschaft nicht hören und verschlossen ihre Ohren und ihr Herz. Ezechiel aber verkündete im Namen Gottes: »So spricht Gott der Herr: Ich nehme das Herz von Stein aus ihrer Brust und gebe ihnen ein Herz von Fleisch.« (Ez 11, 19b) Oder mit anderen Worten: »Ich schenke den Menschen ein anderes Herz. Ich gebe ihnen ein Herz voll Wärme und Liebe, ein Herz aus Fleisch.«

96

Streit, Streit, Streit

1. Streit, Streit, Streit, es ist sehr schnell so - weit. Es
kann so schnell ge - sche - hen, wenn zwei sich nicht ver -
ste-hen. Ein win - zi - ges Ver - ge-hen, ja dann ist es so -
weit, nichts als Streit, Streit, Streit, nichts als Streit, Streit, Streit.

2. Streit, Streit, Streit, es ist sehr schnell soweit.
Wenn zwei sich nicht vertragen, wenn sie sich Böses sagen
und endlich gar noch schlagen, ja dann ist es soweit:
Nichts als Streit, Streit, Streit.

3. Streit, Streit, Streit, es ist sehr schnell soweit.
Keiner will unterliegen, den andern nur besiegen.
Und so kommt es zu Kriegen ... Ja, dann ist es soweit:
Nichts als Streit, Streit, Streit.

4. Seid euch gut! Bezwingt doch eure Wut!
Lasst es damit bewenden, lasst uns den Streit beenden,
fasst fest euch an den Händen, bezwingt doch eure Wut!
Seid euch wieder gut!

Text: Rolf Krenzer
Melodie: Ludger Edelkötter

97

Der Aschermittwoch

Wenn der Priester uns im Gottesdienst am Aschermittwoch Asche (aus trockenen geweihten und verbrannten Palmzweigen des Vorjahres) auf die Stirn streicht, ist das ein Symbol für die Vergänglichkeit allen irdischen Lebens. Er spricht dabei folgende Worte: »Bedenke, Mensch, dass du Staub bist und wieder zum Staub zurückkehren wirst.«

Während der Fastenzeit wird in vielen Kirchengemeinden ein Fastenessen angeboten – oft gibt es nur Reis. Dieses einfache Essen soll uns, die wir reichlich zu essen haben, daran erinnern, dass viele Menschen auf der Welt hungern und nicht wissen, wie sie den nächsten Tag überstehen sollen. Auch für die Menschen in anderen Ländern müssen wir unser Herz öffnen. Ähnliche Gedanken verfolgt das Misereor-Hungertuch, das jetzt in vielen Kirchen aufgehängt wird. In großen Bildern erzählt es uns Geschichten aus Lateinamerika, Haiti, Indien, Äthiopien und anderen Ländern.

Fünf Brote und zwei Fische

1. Fünf Bro-te und zwei Fi-sche, Fünf-tau-send wer-den satt. Wenn Je - sus lädt zu Ti - sche, den, der da Hun- ger hat.

2. Er lässt, der Not zu wehren, der Not in aller Welt,
die Brote sich vermehren, die er in Händen hält.

3. Er sagt: Ihr sollt den steilen Weg gehen bis ans Ziel,
sollt mit dem Bruder teilen, aus wenig machen viel.

4. Er sagt: Geh, sei mein Bote, teil aus an meiner statt,
zwei Fische und fünf Brote, und alle werden satt.

Text: Rudolf Otto Wiemer
Melodie: Ludger Edelkötter

Herr Winter,
geh hinter,
der Frühling kommt bald!
Das Eis ist geschwommen,
die Blümlein sind kommen,
und grün wird der Wald!
Christian Morgenstern

Ein Blumenglöckchen
vom Boden hervor
war früh gesprosset
an lieblichem Flor;
da kam ein Bienchen
und naschte fein:
Die müssen wohl beide
füreinander sein.

Johann Wolfgang von Goethe

Fasten heißt, offen werden für sich, für die Menschen in der Umgebung und für die Not der Menschen in der Welt, heißt, anders denken, nicht nur an sich denken. Die folgende Tiergeschichte macht deutlich, wie es gehen kann, wenn man ein enges Herz hat und nur an sich denkt:

Der Hamster

Einmal hatte ein Hamster ein Feld mit vielen guten Körnern gefunden. Er hat sich die Backentaschen vollgestopft und ist zu seinem Bau gelaufen und hat die Körner in seiner Vorratskammer ausgespuckt. So ist er zehnmal hin- und hergelaufen, dann war die Vorratskammer voll, und der Hamster war müde. Aber er hat gedacht: »Eine Vorratskammer voll Körner ist gut, aber zwei sind besser.« Schnell hat er eine neue Vorratskammer gegraben und ist wieder hin- und hergelaufen und hat Körner und Körner herangeschleppt. Dann war auch die andere Vorratskammer voll, und der Hamster war so müde, dass er kaum noch laufen konnte. Aber er hat gedacht: »Zwei Vorratskammern voll Körner sind gut, aber drei sind bestimmt besser!« Er hat also wieder eine Vorratskammer gegraben und noch mehr Körner geholt. Als dann die dritte Vorratskammer voll war, haben immer noch viele Körner auf dem Feld gelegen. Der Hamster wollte sie alle haben. Jetzt konnte er aber nicht mehr graben, er war zu müde. Er hat die letzten Körner einfach in seine Schlafkammer getragen. Aber auf einmal war es Winter, und alle Hamster sind in ihren Bau gekrochen und haben geschlafen. Nur der eine Hamster konnte nicht schlafen. Bis zum Hals hat er in seinen Körnern gesessen.

Ursula Wölfel

Fastenbräuche

In der Fastenzeit kennt man vor allem in Süddeutschland einen Brauch, der schon sehr alt ist: das Brauen des Fastenbieres. Mönche haben ihn im Mittelalter erfunden, um das Fastengebot zu umgehen. Deshalb brauten sie ein besonders starkes Bier. Aber es gibt auch ein Fastengebäck, die Fastenbrezel; sie wurde im Mittelalter nur während dieser Zeit gebacken. Ab dem Aschermittwoch wurden die Armen, die an eine Klosterpforte klopften, mit einer Fastenbrezel bedacht. Jeder, der eine Fastenbrezel aß, sollte an das Leiden Christi erinnert werden. Diese spezielle Brezel war ursprünglich ein Kreis aus Teig, der als Mittelpunkt ein Teigkreuz hatte. In die Fastenzeit fällt auch der Frühlingsanfang. An diesem Tag ist es vielfach Brauch, ein Sonnenrad zu backen, denn die Tage werden nun länger, das Licht setzt sich durch.

REZEPT

Gebackenes Sonnenrad

ZUTATEN
- *1/4 l Milch*
- *1 TL Honig*
- *1 Würfel Hefe*
- *450 g Dinkelmehl*
- *1/2 TL Salz*
- *80 g weiche Butter*
- *1 Eigelb*
- *1 TL Milch zum Bestreichen*
- *Rosinen, Nüsse, Mohn, Sesam oder Pistazien*

1 Zuerst lösen wir die Hefe mit Honig und Milch auf, dann geben wir Mehl, Salz und die weiche Butter zu und verkneten alles zu einem Teig.
2 Den Teig zugfrei an einem warmen Ort gehen lassen (1 Stunde).
3 Den Teig nochmals durchkneten, zu einem Sonnenrad formen;

etwa 15 Minuten gehen lassen, mit der Eigelbmilch bestreichen und mit Rosinen, Nüssen, Mohn, Sesam oder Pistazien verzieren.

Den Frühlingsanfang feiern
Das gemeinsam gestaltete Sonnenrad wird natürlich am Abend des Frühlingsanfangs zusammen verspeist.

Fastenzeit-Leporello

MATERIAL
- 10 Blatt Tonpapier (DIN A5) in verschiedenen Farben

Der Weg der Fastenzeit kann für Kinder anschaulich in einem Leporello dargestellt werden.

1 Für wichtige Tage der Fastenzeit brauchen wir je ein DIN A5 großes Tonpapier: Aschermittwoch, 1. Fastensonntag, 2. Fastensonntag, 3. Fastensonntag, 4. Fastensonntag, 5. Fastensonntag, Palmsonntag, Gründonnerstag, Karfreitag, Ostern – das sind insgesamt zehn Blätter.

2 Die Blätter werden nun so aneinander geklebt, dass sich eine lange Straße ergibt.

3 Jedes Blatt wird zum Schluss zur entsprechenden Zeit passend beschriftet (zum Beispiel 1. Fastensonntag …) und bemalt. So kommt man Woche um Woche dem Osterfest näher.

Neue Wunder der Natur

Wenn der Frost sich verabschiedet und die Schneeschmelze eingesetzt hat, kriechen als Erstes die Blätter von Krokussen, Schneeglöckchen, Tulpen und Hyazinthen vorwitzig aus der Erde. Bäume und Sträucher verlieren allmählich ihre graue Winterfarbe. Die Zweige lassen sich wieder biegen, weil sie neuen Lebenssaft aus der Erde ziehen können.

Im Februar blüht meist schon der Huflattich, der als Tee besonders gegen Husten und Kehlkopfbeschwerden wirkt. Dazu wird er an einer sonnigen, luftigen Stelle getrocknet und später im Jahr mit anderen Teekräutern wie Kamille, Lindenblüten und Pfefferminze gemischt. Ab März finden wir an Hecken und im Unterholz von Laubwäldern das Scharbockskraut (leuchtend gelbe, fett glänzende Blütenblätter) und das Leberblümchen (blauviolette Blütenblätter auf behaarten langen Stielen). Am 21. März ist es dann endlich soweit: Der Frühling hält offiziell seinen Einzug. Tag und Nacht sind jetzt genau gleich lang. Von nun an werden die Tage wieder länger und die Nächte kürzer. Zwar müssen wir uns noch auf vereinzelte Schneeschauer und kalte Tage einstellen, aber die Macht des Winters ist endgültig gebrochen.

BASTELN

Wir basteln eine Holunderholzpfeife

MATERIAL
- 1 Messer
- 1 Holunderholzstück, fingerdick, ca. 5–6 cm lang, gerade gewachsen

Wenn die Zeit der Nachtfröste endgültig vorbei ist, können wir aus Holunderzweigen eine Holunderholzpfeife herstellen – und das geht folgendermaßen:

1 Wir schneiden ein etwa fünf bis sechs Zentimeter langes, fingerdickes und gerade gewachsenes Holunderholzstück mit einem scharfen Messer ab und entfernen das Mark sorgfältig; den Rand der oberen Öffnung runden wir etwas ab.

2 Nun drücken wir die untere Öffnung mit einem Finger zu. Wenn man gleichzeitig die Oberlippe ein wenig über die Öffnung schiebt und in das Holunderrohr hineinbläst, lassen sich der Flöte Töne entlocken.

3 Natürlich kann man die Rinde der Flöte auch noch durch Einkerbungen und Einschnitte hübsch verzieren.

Die Karwoche

In der Karwoche haben wir die Möglichkeit, Jesus in seinen letzten Lebenstagen hier auf der Erde zu begleiten. Die Heilige Woche, wie die Karwoche auch genannt wird, beginnt mit dem Einzug Jesu in Jerusalem am Palmsonntag.

Der Palmsonntag

Der Palmsonntag ist der letzte Sonntag vor Ostern. In der Messe des Palmsonntags wird erstmals die Leidensgeschichte Jesu gelesen (nach dem Evangelisten Matthäus). Der Name Palmsonntag geht auf einen jüdischen Brauch zurück. In Jerusalem begingen die Menschen an diesem Tag eine Prozession mit Palmwedeln, die an den Einzug Jesu in Jerusalem vor zweitausend Jahren erinnern soll. Damals jubelten die Menschen Jesus zu und feierten ihn als den neuen König und Retter des Volkes Israel. Der Überlieferung nach hielten sie Palmzweige in den Händen und riefen: »Gepriesen sei Jesus! Er kommt im Namen Gottes. Gepriesen sei Gott!« Auch heute finden in vielen Orten noch Palmprozessionen zur Erinnerung an damals statt. Dabei wird der auf einem Esel reitende Jesus als Holzfigur dargestellt; sie ist der Mittelpunkt der Prozession. Die evangelische Kirche feiert am Palmsonntag übrigens die Konfirmation. Für diesen besonderen Tag im Leben der jungen Christen wählt sich jeder Konfirmant zusammen mit dem Pastor einen individuellen Konfirmationsspruch aus. Dieser soll den jungen evangelischen Christen ein Wegweiser durch das zukünftige Leben sein.

Palmen wurden in Babylon einst als heilige Bäume verehrt, den römischen Soldaten verlieh man als Siegeszeichen nach einem Triumph Palmwedel. Da es bei uns keine Palmen gibt, tragen wir bei der Prozession anstelle der Palmwedel Zweige von Palmkätzchen (Saalweide), Wacholder und Buchsbaum − das sind die Palmbuschen. Vor der Prozession werden sie geweiht. Palmkätzchen, Buchs und Wacholder sollen − so der Volksglaube − vor Bösem und Ungeziefer

Derjenige/diejenige einer Familie, der/die an diesem Tag zu lange schläft und als letzte(r) aus den Federn kommt, darf den ganzen Tag lang Palmesel gerufen werden.

schützen. Das ist der Grund, warum viele Menschen die geweihten Palmbuschen nach der Prozession auf die Gräber der Verstorbenen legen oder sie hinter das Kreuz im Wohnzimmer stecken. Ein richtiger Palmbuschen besteht aus drei Zweigen blühender Palmkätzchen, drei Zweigen vom Buchs und drei Zweigen vom Wacholder. Sie werden kunstvoll an einen Haselstock gebunden und mit langen bunten Bändern verziert. Als Spitze und Mitte des Palmbuschen findet man oft schon im Vorgriff auf Ostern ein bunt bemaltes Ei.

Lauft zur Stadt

1. Lauft zur Stadt, ihr lie-ben Leu-te! Viel zu se-hen gibt es heu-te! Da kommt je-der, groß und klein, denn der Kö-nig zieht dort ein, denn der Kö-nig zieht dort ein.

2. Nehmt viel Blumen mit und Zweige,
weil ich Euch den König zeige.
Jesus Christus wird es sein.
Er zieht in die Stadt jetzt ein.

3. Lasst euch nicht mehr länger bitten.
Er kommt in die Stadt geritten.
Hört Ihr, wie die Leute schrein!
Unser König zieht dort ein!

4. Überall ist große Freude,
und es winken alle Leute
Jesus auf dem Esel zu.
Unser König, der bist du!

5. Schmückt mit Blumen alle Straßen.
Lasst uns an den Händen fassen,
laufen hinter Jesus her!
Und es folgen immer mehr.

Text: Rolf Krenzer
Melodie: Hans-Werner Clasen

Der Gründonnerstag

Am Gründonnerstag hielt Jesus mit seinen Freunden das Abschiedsmahl. Dabei, so bezeugt der Evangelist Johannes, sagte er folgende Worte: »Ich bin das Brot des Lebens; wer zu mir kommt, wird nicht mehr hungern.« (Joh 6,35)

Seit dieser Zeit feiern Christen miteinander das Abendmahl, die Eucharistie. Im alltäglichen Zeichen von Brot und Wein sind sie mit Jesus und Gott verbunden. Der Name Gründonnerstag soll vom Wort »greinen« stammen, was so viel bedeutet wie weinen. Das hängt damit zusammen, dass früher die Sünder vom Aschermittwoch an aus der Gemeinschaft der Gläubigen ausgeschlossen waren, um Buße zu tun. Am Gründonnerstag wurden die Büßer, die Greinenden, wieder in die Gemeinschaft aufgenommen. Andere Quellen behaupten, der Name Gründonnerstag hänge mit dem Ergrünen der erwachenden Natur zusammen. Immerhin gibt es den Brauch, an Gründonnerstag eine Neun-Kräuter-Suppe zu essen.

Karfreitag und Karsamstag

Für evangelische Christen ist der Karfreitag ein hoher kirchlicher Feiertag, an dem natürlich ein Festessen auf dem Tisch steht. Die katholische Kirche indes feiert am Karfreitag, dem Todestag Jesu, keine Messe. Auch die Glocken verstummen und werden durch so genannte Karfreitagsratschen ersetzt; die Orgel steht still, und auch sonst werden keine Feste gefeiert. Es ist ein Tag der Stille, Besinnlichkeit und des Fastens. Die katholischen Christen versammeln sich nachmittags in der Kirche und gedenken des Leidens und Sterbens Jesu. Das Kreuz als Sinnblid des Lebens steht dabei im Mittelpunkt. Es ist Zeichen für den Tod, aber auch Zeichen der Hoffnung auf eine neues Leben.

BASTELN

Wir basteln ein Kreuz aus Pfeifenputzern und Holzperlen

MATERIAL
- *2 Pfeifenputzer*
- *15 Holzperlen*

1 Dazu brauchen wir zwei Pfeifenputzer: einen mit normaler Länge (etwa 25 Zentimeter) und einen gekürzten (auf 17 Zentimeter) sowie 15 farblich passende Holzperlen mit gebohrtem Loch.

2 Die beiden Pfeifenputzer legen wir zunächst in Kreuzform und verdrehen sie miteinander – das ist der Mittelpunkt des Kreuzes.

3 Von oben senkrecht werden dann drei Perlen aufgefädelt, anschließend biegen wir das Pfeifenputzerende um.

4 Das Gleiche wiederholen wir rechts und links. Unten haben sechs Perlen Platz.

Ihr Freunde, lasst euch sagen

1. Ihr Freun - de lasst euch sa - gen: Sie
ha - ben ihn ge - schla - gen. Sie schlu - gen ihn so sehr, und
er ist un - ser Herr, und er ist un - ser Herr.

2. Ihr Freunde, lasst euch sagen:
Er hat das Kreuz getragen.
Das Kreuz war hart und schwer.
Und er ist unser Herr, und er ist unser Herr.

3. Ihr Freunde lasst euch sagen:
Er ist ans Kreuz geschlagen.
Uns ist das Herz so schwer.
Und er ist unser Herr, und er ist unser Herr.

4. Ihr Freunde, lasst euch sagen:
Er hat den Tod ertragen.
Uns ist das Herz so leer,
denn er ist unser Herr, denn er ist unser Herr.

Text: Rolf Krenzer
Melodie: Hans-Werner Clasen

Karsamstag ist der Ruhetag zwischen Tod und Auferstehung Jesu; auch an diesem Tag findet kein Gottesdienst statt. In vielen Kirchen gibt es allerdings eine ewige Anbetung vor dem Grab Jesu. In der Familie laufen die letzten Vorbereitungen auf das größte Fest im Kirchenjahr. Der Karsamstag ist ein Backtag: Osterlämmer und Osterfladen duften, die letzten Ostereier werden bemalt.

Gebackenes Osterlamm

ZUTATEN

- *4 Eier (getrennt)*
- *200 g Zucker*
- *4 EL Wasser*
- *200 g Mehl (mit 2 TL Backpulver vermischt)*
- *Eine Form für das Osterlamm*
- *Puderzucker*

Dieses Osterlamm können ältere Kinder durchaus schon ganz allein backen, jüngere Kinder brauchen eine Anleitung.

1 Zunächst schlagen wir das Eiweiß zu festem Schnee.

2 In einer anderen Schüssel schlagen wir ein Eigelb mit Zucker und Wasser auf, bis das Ganze eine feste, hellgelbe Schaummasse ergibt. Das mit Backpulver vermischte Mehl und der Eischnee werden vorsichtig untergehoben.

3 Anschließend wird der Teig in eine gefettete umgekippte Form gefüllt und so in den Backofen gestellt.

4 Im auf etwa 175 °C vorgeheizten Backofen bleibt das Lamm, je nach Größe, zwischen 25 und 35 Minuten.

5 Etwas auskühlen lassen und die Form vorsichtig lösen. Erst wenn es ganz kalt ist, wird das Lamm dick mit Puderzucker bestreut und findet seinen Platz im Osternest!

Ein hübsches Geschenk: Ein Osterkranz

MATERIAL
- Ausgeblasene Eier
- Kräftiger Blumendraht
- Perlen mit Loch
- 1 Taftband

1 Zuerst fädeln wir die verzierten Eier – mit einer Reihe bunter Perlen dazwischen – nach und nach in einer beliebigen Reihenfolge auf; dann schließen wir den Draht.
2 An diese Verbindungsstelle kommt nun eine schön gebundene Schleife. An der Wohnungstür, am Fenster oder der Haustüre verbreitet er nun Osterstimmung. Er ist auch ein nettes Ostergeschenk.

Wir backen ein Osternest

ZUTATEN
- 1/4 l Milch
- 1 TL Honig
- 1 Würfel Hefe
- 1/2 TL Salz
- 450 g Mehl
- 80 g weiche Butter
- 1 weißes Ei, 1 Eigelb
- Etwas Milch zum Bestreichen

1 Aus den Zutaten bereiten wir einen Hefeteig (siehe Seite 102), lassen ihn gehen und formen drei Rollen, die wir zu einem Zopf flechten.

2 Den Zopf legen wir als Kreis, die Zopfenden werden verbunden.
3 Bei 175°C wird das mit Eigelb bestrichene Osternest (mit dem rohen, weißen Ei) gebacken, bis es schön braun ist (etwa 25 Minuten).
4 Das weiße Ei ersetzt man später durch ein gefärbtes, gekochtes Ei.

Christus ist auferstanden – Ostersonntag und Ostermontag

Ostern fällt zeitlich genau auf das jüdische Paschafest. An diesem Tag erinnern sich die Juden an den Auszug des Volkes Israel aus Ägypten. Für die Christen ist Ostern das höchste und älteste Fest. Jesus hat den Tod überwunden, weil Gott ihn zu neuem Leben erweckt hat. Er wird, so die christliche Überzeugung, auch uns neues, frisches Leben schenken – das ist die große Frohbotschaft nach den 40 Fastentagen. Als sichtbares Freudenzeichen wird in der Osternacht die Osterkerze entzündet. Gleichzeitig läutet Ostern eine 50-tägige Festzeit ein, die bis zum Pfingstfest reicht. In diese Zeit fällt auch das Fest Christi Himmelfahrt (40 Tage nach Ostern), an dem Gott Jesus zu sich zurückholt. Auf diese Weise macht Gott die Verbindung zu den Menschen deutlich und endgültig. An diesem Tag wird die Osterkerze meist in die Taufkapelle gestellt, wo in der folgenden Zeit die Taufkerzen entzündet werden. Jesus hinterlässt uns am Fest Christi Himmelfahrt den Auftrag, allen Menschen von ihm und seinen Taten zu erzählen. Dieser Gedanke weist schon auf das Pfingstfest hin.

Man vermutet, dass sich der Name »Ostern« von »Ostara« herleitet. Das war die germanische Göttin des Morgens und des Lichts. Aber auch die Bezeichnung »Osten« könnte in diesem Wort stecken: Hier geht die Sonne auf. Das aufgehende Licht ist ein Bild für den Auferstandenen. In der Urkirche kannte man noch keinen eigenen Termin für Ostern; die Auferstehung Jesu Christi wurde vielmehr bei jedem Sonntagsgottesdienst gefeiert. Erst im vierten Jahrhundert legte die Kirche einen Ostertermin fest – nämlich den ersten Sonntag nach dem Frühlingsvollmond (zwischen 23. März und 25. April).

Was einst begonnen

Was einst be - gon - nen ver - schlos - en im Haus

brei - te - te stür - misch nach draus - sen sich aus.

Men-schen war'n Feu - er und Flam - me für Gott!

Melodie: mündlich überliefert

Die Tulpe

Dunkel war alles
und Nacht.
In der Erde tief
die Zwiebel schlief,
die braune.
Was ist das für ein Gemunkel,
was ist das für ein Geraune,
dachte die Zwiebel,
plötzlich erwacht.
Was singen die Vögel da droben
und jauchzen und toben?
Von Neugier gepackt,
hat die Zwiebel einen langen Hals gemacht
und um sich geblickt
mit einem hübschen Tulpengesicht.
Da hat ihr der Frühling entgegengelacht.

Josef Guggenmoos, 1966

Das leere Grab

Als der Sabbat vorüber war, kauften Maria aus Magdala, Maria, die Mutter des Jakobus und Salome wohlriechende Öle, um damit zum Grab zu gehen und Jesus zu salben. Am ersten Tag der Woche kamen sie in aller Frühe zum Grab, als eben die Sonne aufging. Sie sagten zueinander: Wer könnt uns den Stein vom Eingang des Grabes wegwälzen? Doch als sie hinblickten, sahen sie, dass der Stein schon weggewälzt war; er war sehr groß. Sie gingen in das Grab hinein und sahen auf der rechten Seite einen jungen Mann sitzen, der mit einem weißen Gewand bekleidet war; da erschraken sie sehr. Er aber sagte zu ihnen: Erschreckt nicht! Ihr sucht Jesus von Nazareth, den Gekreuzigten. Er ist auferstanden; er ist nicht hier. Seht, da ist die Stelle, wo man ihn hingelegt hatte. Nun aber geht und sagt seinen Jüngern, vor allem Petrus: Er geht euch voraus nach Galiläa; dort werdet ihr ihn sehen, wie er es euch gesagt hat.

Markus 16, 1–7; um 60 n. Chr.

Halleluja, es ist Ostern

1. Hal-le-lu-ja, es ist Os-tern. Hal-le-lu-ja, Je-sus lebt. Hal-le-lu-ja, Hal-le-lu-ja, Hal-le-lu-ja, Je-sus lebt.

2. Freut euch alle, es ist Ostern.
Freut euch alle, Jesus lebt.
Halleluja, Halleluja,
Halleluja, Jesus lebt.

3. Singet alle, es ist Ostern.
Singet alle, Jesus lebt.
Halleluja, Halleluja,
Halleluja, Jesus lebt.

Text und Melodie: Gertrud Lorenz

Die bekanntesten Osterbräuche

Rund um das Osterfest haben sich viele Bräuche entwickelt. Sie wollen dazu beitragen, das Geheimnis von Ostern besser zu begreifen und mitzuerleben. Um Mitternacht oder am frühen Morgen feiern Christen die Osternacht. Das Osterfeuer, die Osterkerze und das Osterwasser spielen in dieser Nacht eine besondere Rolle.

Feuer und Licht brauchen die Menschen zum Leben. Licht wärmt, erleuchtet und verbreitet ein Gefühl von Geborgenheit. Feuer hat eine gewaltige Energie und ist ein uraltes Zeichen für die Sonne. So kommt es, dass für Jesus, der aus dem Dunkel, dem Tod, ins Licht, zur Auferstehung gelangte, das Zeichen des Lichtes steht – als Osterfeuer und als Osterkerze.

Die Osternachtsfeier und das Osterfeuer

Schon seit dem achten Jahrhundert beginnt die Feier der Osternacht mit der Weihe des Osterfeuers vor der Kirche. Ursprünglich war das Osterfeuer ein Wachfeuer der Hirten, die nachts auf ihre Herde aufpassen mussten. Es sollte wilde Tiere und Böses vertreiben sowie Licht und Wärme bringen. Das Licht des Osterfeuers wird weitergegeben an die Osterkerze. Sie zeigt ein großes Kreuz und hat die Buchstaben Alpha und Omega (griechisch: Anfang und Ende). Das soll heißen: Jesus Christus ist Anfang und Ende und im Kreuz Herr über Leben und Tod. Diese Kerze wird in feierlicher Prozession in die dunkle Kirche getragen und ist zunächst das einzige Licht, das die Dunkelheit der Kirche erleuchtet. Nach und nach werden die Kerzen der Gläubigen entzündet, wobei die Kerzen, die an der Osterkerze entzündet wurden, dieses Osterlicht an die anderen weitergeben. Jede brennende Kerze in der Kirche ist so im Grunde ein Teil des geweihten Osterfeuers. Die Taufkerze wird übrigens auch an der Osterkerze entzündet. Viele Kirchgänger nehmen ihre brennende Osterkerze mit nach Hause.

Wir basteln eine Osterkerze

MATERIAL

- ✛ *Ca. 200 g alte Kerzenreste*
- ✛ *1 altes Töpfchen (zum Schmelzen der Wachsreste)*
- ✛ *1 schmale Blechdose (als Form)*
- ✛ *1 guten neuen Docht (im Kerzengeschäft oder Bastelladen erhältlich)*
- ✛ *Etwas Knetbienenwachs*
- ✛ *Ein Stück Blumendraht*
- ✛ *Klebestreifen*

Aus geschmolzenen Wachskerzen lässt sich gut eine neue Kerze gießen.

1 Die Wachsreste werden im Schmelzgefäß langsam erhitzt. Dabei holen wir die alten Dochtreste heraus. Ist das alte Wachs sehr verschmutzt, lässt man es heiß durch Filterpapier laufen.

2 Nun klebt man am Boden der neuen Dose mit einem Kügelchen Knetbienenwachs den neuen Docht an und zieht ihn hoch.

3 In Höhe des Dosenrandes binden wir ein Stück Blumendraht um den Docht, damit er nicht mehr verrutschen kann. Den Blumendraht befestigen wir an zwei Seiten der Dose mit einem Klebestreifen.

4 Dann füllen wir das flüssige, gesäuberte Wachs in die Dose und warten, bis es erstarrt ist. Anschließend entfernen wir den Blumendraht und tauchen die Dose bis zum Rand einen kurzen Augenblick in kochend heißes Wasser.

Verzieren

Mit dem restlichen Knetbienenwachs oder farbigen Wachsplatten können wir die Kerze sehr schön verzieren.

Das geweihte Osterwasser

Auch Wasser ist für Menschen, Tiere und Pflanzen lebenswichtig. Es reinigt, stillt den Durst, erfrischt und heilt. Osterwasser, aus der Quelle geschöpft, hilft nach Überzeugug vieler Gläubiger gegen Ausschlag, Augenleiden und viele andere Krankheiten. In der Osternacht wird das Osterwasser geweiht: Jesus ist das lebendige Wasser für uns. Gerne tragen wir deshalb ein Gefäß mit diesem geweihten Wasser nach Hause. Mit dem Weihwasser kann man die Wohnung oder Familienmitglieder besprengen, die länger von zu Hause fortgehen.

Im Frühmittelalter war es Christen in der Fastenzeit verboten, Eier zu essen, da man sie als flüssiges Fleisch betrachtete. Aber – was wäre Ostern ohne Ostereier? Das Ei galt den Menschen seit jeher als Sinnbild für Fruchtbarkeit. Wie das Küken sich aus der harten Schale des Eies befreit hat, so wurde auch Jesus von der harten Bande des Todes zu neuem Leben befreit. Seit altersher werden also Eier zu Ostern bemalt, verziert, gefärbt und dann verschenkt. Die ursprüngliche Ostereierfarbe war Rot – zum Zeichen an das vergossene Blut Jesu. Gefärbte Ostereier zu schenken, war früher ein Zeichen des Gedenkens, der Verehrung und der Hochschätzung.

Bunte Ostereier – selbst gemacht

Bunte Ostereier kann man beinahe überall im Supermarkt für wenig Geld kaufen. Man kann sie aber auch auf vielfältige Weise selbst herstellen. Der Kreativität sind dabei praktisch keine Grenzen gesetzt.

Mit natürlichen (und damit ungiftigen) Farben lassen sich Ostereier herrlich bunt färben. Die Farbpalette, die dabei zur Verfügung steht, reicht von Gelb-, Braun- und Rottönen bis hin zu Blautönen: Gekochte Zwiebelschalen bringen einen gelblichen, orangefarbenen oder rotbraunen Farbton hervor. Mit Karottenschalen bekommt man ein kräftiges Rosa, manchmal sogar Rot. Blaukraut dagegen ergibt violett, und will man goldgelbe Töne, nimmt man am besten Kiefernzapfen. Die Zutaten werden jeweils als Sud gekocht. Dazu schneidet man die Zutaten möglichst klein und setzt sie in einem Topf mit kaltem Wasser an. Nun wird der Topfinhalt zum Kochen gebracht, der danach noch eine gute Weile zieht. Die beste Färbung wird erzielt, wenn weißschalige Eier verwendet werden und in den Sud ein Schuss Essig gegeben wird.

Um die Farben noch zu betonen, nach dem Färbebad die Eier mit Margarine einreiben und kräftig polieren – aber aufpassen, dass die Eier dabei nicht zerbrechen. Diese Färbart ist für gekochte und für ausgeblasene Eier anwendbar.

Ostereier mit Naturmotiven

MATERIAL

- Ausgeblasene Eier
- Gräser oder Blätter
- Speiseöl
- 1 feine Strumpfhose
- Speck zum Polieren
- Taftband

1 Am besten eignen sich dazu ausgeblasene Eier. Zunächst tauchen wir die Eier wieder in die Farbbäder (siehe Seite 117).

2 Nun holen wir uns aus der Natur kleine Gräser oder Blätter, bestreichen sie mit etwas Speiseöl und kleben sie damit auf das Ei.

3 Wir ziehen ein Stück einer feinen Strumpfhose darüber und verknoten es oben und unten. Jetzt legen wir die Eier ins Färbebad.

4 Nach dem Trocknen lösen wir die Knoten und nehmen die Gräser ab. Nun muss das Ei nur noch mit Speck glänzend gerieben und mit einem Taftband aufgehängt werden.

Bunt bemalte Ostereier

MATERIAL

- Ausgeblasene Eier
- Farbstifte
- Essigwasser
- Korkstückchen
- Einige Stricknadeln
- Haarlack

1 Die ausgeblasenen Eier können unterschiedlich bemalt werden. Ob mit Wachsmalkreiden, Buntstiften, Aquarell- oder Deckfarben – das Ei muss immer zuvor mit reichlich Essigwasser abgewaschen werden, damit die Farben gut haften. Bei Wachsmalkreiden mit wenig Druck arbeiten.

2 Wenn Sie das Ei auf eine Stricknadel aufstecken und mit zwei Korkenstückchen jeweils oben und unten festklemmen, lässt sich flüssige Farbe besonders gut auftragen.

3 Soll das Gemälde konserviert werden, sprüht man einfach etwas Haarlack über das Ei.

Erzählende Ostereier

Ganz besondere Ostereier erhalten Sie, wenn Sie kleine lustige Bildgeschichten malen.

Zehn Ostereier

10 Ostereier!
Der Onkel rief: »Wie fein!«
Er nahm sich eins und aß es auf,
da waren's nur noch neun.

9 Ostereier
hat Oma hergebracht.
Sie naschte eines davon weg,
das waren's nur noch acht.

8 Ostereier,
mit Salz eins eingerieben.
Der Franz verschnabulierte es,
da waren's nur noch sieben.

7 Ostereier,
die roch 'ne kleine Hexe,
Susanne zauberte eins fort,
da waren's nur noch sechse.

6 Ostereier
erspähte Fritz, der Pimpf.
Er stopfte eines in den Mund,
da waren's nur noch fünf.

5 Ostereier!
»Das rote nehm ich mir«,
sprach Vater und verspeiste eins,
da waren's nur noch vier.

4 Ostereier!
Klein Inge lief vorbei.
Ein Schnapp, ein Biss, ein Schluck,
ein Schleck, da waren's nur noch drei.

3 Ostereier,
die waren jetzt noch frei.
Die Tante nahm sich eines weg,
da waren's nur noch zwei.

2 Ostereier!
Eins war ein gelbes, kleines.
Die Mutter schob es in den Mund,
da war es nur noch eines.

1 Osterei,
als das der Opa sah,
hat er es augenblicks verspeist
und schon war keins mehr da.

Der Osterhase kam vorbei,
hat's leere Nest gesehn.
Er legte Ei, Ei, Ei, Ei, Ei,
Ei, Ei, Ei, Ei, Ei: Zehn!

Alfons Schweiggert

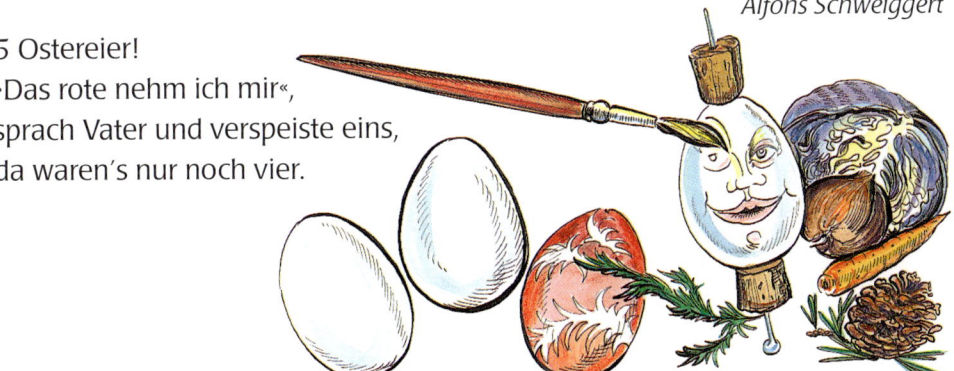

Der Osterhase

Was wäre Ostern ohne das Ostereiersuchen in der Natur und ohne Osterhasen! Wieso der Osterhase allerdings schon seit gut 400 Jahren Eier bringt, weiß niemand so genau. Tatsache ist, dass früher die bäuerlichen Arbeiter zu Ostern ihrem Herrn Eier und einen Hasen als Pacht bringen mussten. Und: Bis ins 16. Jahrhundert hinein hatte der Osterhase mit Konkurrenz zu kämpfen: In Holstein und Sachsen war es nämlich der Hahn, der die Eier brachte, im Elsass der Storch, in Hessen der Fuchs und in der Schweiz der Kuckuck.

Im Frühling, im Garten

1. Im Früh-ling, im Gar-ten, im grü-nen Gras, da sitzt, stellt euch vor,— ein Os-ter-has. Nun ra-tet, was er macht:⎯ Er sitzt da im Gras⎯ und lacht.

2. Im Frühling, im Garten,
im grünen Gras, da sitzt,
stellt euch vor, ein Osterhas.
Und was hat er dabei?
Für jeden ein Osterei.

3. Im Frühling, im Garten,
im grünen Gras, da sitzt,
stellt euch vor, ein Osterhas.
Doch schauen wir genau,
ist's Papa mit seiner Frau.

4. Im Frühling, im Garten,
im grünen Gras, da sitzt,
stellt euch vor, ein Osterhas.
Ein Has kann jeder sein,
der andere will erfreun.

Text und Melodie: Gertrud Lorenz

Das Osterlamm

In einigen Familien ist es üblich, zu Ostern einen Lammbraten zu essen. Den Ursprung für diesen Brauch bildet die jüdische Tradition, zum Paschafest (dem christlichen Osterfest) ein Lamm zu verzehren. Aber auch an Bußtagen der Juden hatte das Lamm eine ganz bestimmte Bedeutung: Der Priester übergab dem Lamm durch Handauflegung alle Sünden und schickte es dann in die Wüste. Auch Jesus wird bekanntlich vom Apostel Paulus im Korintherbrief als Lamm bezeichnet, das geschlachtet und geopfert wird, um damit die Sünden der Menschen zu tilgen (1. Kor 5, 7). Und Jesus sagt auch von sich selbst: »Ich bin das Lamm.«

Traditionell steht ein gebackenes Lämmchen im Osterkorb, den die Christen zur Osternachtsmesse mitnehmen. Oft befinden sich im Osterkorb noch ein Osterfladen, gefärbte Ostereier, etwas Salz und Schinken. Nach dem Gottesdienst und der folgenden Speisenweihe werden diese Speisen auf den Tisch gestellt und zum Osterfrühstück verzehrt.

Der Osterstrauß

Ein bunter, geschmackvoll zusammengestellter Osterstrauß sollte in keiner Wohnung fehlen! Wer gerne blühende Zweige benutzt, muss bereits zwei, drei Wochen vorher knospende Forsythienzweige abschneiden und in warmes Wasser stellen. Das Gleiche gilt für Kirsch- oder Apfelzweige.

Wem indes Palmkätzchen genügen, braucht sich vorher keine Gedanken zu machen. Ebenso hübsch wirken Zweige von Birken oder Haselnuss. Sie grünen im warmen Zimmer bereits innerhalb von zwei, drei Tagen.

Der Strauß in der Bodenvase kann mit bemalten, beklebten oder gefärbten Eiern festlich geschmückt werden. Ganz besonders schön sieht es aus, wenn bunte Taftbänder verwendet werden, um die Eier aufzuhängen.

Der traditionelle Osterspaziergang

Jung und Alt machen sich nach dem festtäglichen Mittagessen auf zum legendären Osterspaziergang − wobei die Betonung auf Spazieren liegt. Manchmal entdecken die Kinder beim Spazierengehen Ostereier im Moos oder Gras. Ist das eine Freude! Wenn die Sonne scheint, lädt sie Kinder und Eltern ein, miteinander im Freien zu spielen.

Das erste Spiel ist ein Fangspiel und heißt »Häschen, hilf!«: Ein Mitspieler ist der Fuchs, alle anderen sind Hasen. Der Fuchs versucht, einen Hasen zu fangen. Merkt das der Verfolgte, kann er sich Hilfe suchend nach der Hand eines anderen Hasen umsehen und rufen: »Häschen, hilf!« Sobald er die Hand eines Hasen erreicht hat, ist er gerettet. Hat der Fuchs ihn aber erwischt, muss er in der nächsten Runde den Fuchs spielen und seinerseits Hasen jagen.

Ein anderes Spiel heißt »Dreht euch nicht um, der Has hüpft herum« − und so geht es: Die Mitspieler stehen im Kreis, nur einer steht außerhalb: der Hase. Er hat ein Schokoladenei dabei und hüpft um den Kreis herum. Hinter einem Mitspieler lässt er sein Ei fallen, möglichst so, dass es der andere Mitspieler nicht sofort merkt. Wird das Ei von dem anderen Mitspieler entdeckt, muss der Hase davonspurten, weil er jetzt von diesem Mitspieler verfolgt wird. Schafft der Hase den Weg bis zu dem frei gewordenen Platz, ohne dass er von seinem Verfolger abgeschlagen wurde, kann er das Ei selbst essen. Gewinnt aber der Verfolger, darf dieser das Osterei verspeisen. Dieses Spiel ähnelt dem alten Kinderspiel »Dreht euch nicht um, der Fuchs geht um«.

Ostern

Die ganze Welt, Herr Jesus Christ,
zur Osterzeit jetzt fröhlich ist.
Jetzt grünet, was nur grünen kann,
die Bäum zu blühen fangen an.
Es singen jetzt die Vögel all.
Jetzt singt und klingt die Nachtigall.
Der Sonnenschein jetzt kommt herein
und gibt der Welt ein neuen Schein.
Die ganze Welt, Herr Jesus Christ,
zur Osterzeit jetzt fröhlich ist.

Friedrich von Spee

Auf dem Weg zum Pfingstfest

Von Ostern bis Pfingsten vergehen ganze sieben Wochen – das Wort »Pfingsten« leitet sich übrigens vom Altgriechischen »pentecoste« (am 50. Tag) ab. Wir feiern es demzufolge am 50. Tag nach Ostern. Doch noch ist es nicht so weit. Denn während dieser Zeit zwischen Ostern und Pfingsten tut sich so einiges – vor allem in der Natur, die längst zu neuem Leben erwacht ist und sich nun in ihrer schönsten Farbenpracht präsentiert.

Eine bunte Blumenvielfalt

Eine Wiesenblume begleitet uns in dieser Zeit auf ganz besondere Art: der Löwenzahn mit seinen typischen Blättern. Von der leuchtend gelben Blüte als Blickfang verändert er sich jetzt zur Pusteblume. Auf den Wiesen sprießen jetzt die Gänseblümchen. Sie kriechen schon bald nach dem Schneeglöckchen aus der Erde. Seit vielen hundert Jahren werden dem Gänseblümchen Heilkräfte zugesprochen. Aber das frische Gänseblümchen ist auch eine schmackhafte Zutat zu einem bunten Frühlingssalat.

In diesen Wochen blüht noch eine andere sehr geschätzte Heilpflanze, die Schlüsselblume. Neben ihrer Heilwirkung schreibt man ihr aber noch andere Kräfte zu: Das Mädchen, das die erste Schlüsselblume des Jahres findet, wird im gleichen Jahr noch heiraten. Deshalb heißt diese Blume auch Hochzeitsblume oder Himmelsschlüssel. Der Wonnemonat Mai bringt uns die Maiglöckchen; wer im Mai heiratet, nimmt als Brautstrauß gerne Maiglöckchen. Jetzt blühen auch allerorten die Obstbäume auf. Weiße Kirschblüten, rosa Apfelblüten und helllila Pflaumenblüten laden die Menschen zu wahren Blütenfesten ein. Spätestens zu Pfingsten leuchtet es aus vielen Gärten wunderschön rot, schneeweiß oder rosa – das ist die Pfingstrose. Sie kommt ursprünglich aus China und steht dort für Schönheit und Reichtum. Gerne wird sie als Hausmittel bei Gichtschmerzen verwendet. Wenn Pfingsten spät ist (weil auch Ostern spät war), ist bereits die erste Beerenzeit angebrochen: Wir können schon Erdbeeren pflücken, auch die Himbeeren beginnen zu reifen. Rote und schwarze Johannisbeeren werden an den Rispen dick und beginnen sich zu färben. Im Garten ernten wir die ersten Radieschen und Rettiche, und auch der Salat sprießt und gedeiht.

> Leise zieht durch mein Gemüt liebliches Geläute;
> klinge, kleines Frühlingslied,
> kling hinaus ins Weite!
>
> *Heinrich Heine*

Erdbeerbowle

REZEPT

ZUTATEN

- 1 kg Erdbeeren
- Etwas Zucker
- Etwas Himbeersirup, Zitronensaft, Mineralwasser

1 Wir pflücken die ersten Erdbeeren vom Garten oder Erdbeerfeld, waschen sie und lassen sie auf einem Sieb abtropfen.

2 Die Erdbeeren klein schneiden und mit etwas Zucker in einem Krug ansetzen.

3 Dann geben wir – je nach Geschmack – noch etwas Himbeersirup, Zitronensaft und Mineralwasser dazu. Umrühren und fertig. Ein köstliches, vitaminreiches Getränk!

REZEPT

Speiseöl selbst machen

ZUTATEN

- *Stängel von frischen Gartenkräutern (Thymian, Lavendel, Rosmarin, Majoran, Bohnenkraut)*
- *1 schöne Flasche*
- *Speiseöl*

Am zweiten Sonntag des Wonnemonats Mai feiern wir Muttertag. Wie wäre es mit einem »natürlichen« und nützlichen Geschenk zum Muttertag? Dann versucht euch doch an folgendem Rezept:

1 Wir stecken mehrere Stängel von Gartenkräutern (Thymian, Lavendel, Rosmarin, Majoran oder Bohnenkraut) in eine Flasche mit gutem Speiseöl.

2 Dann stellen wir das aromatisierte Öl an einen dunklen Ort, wo es mindestens eine Woche ziehen muss, bevor es zu Salatsaucen verwendet werden kann.

Wer keine frischen Gartenkräuter zur Hand hat, kann auch getrocknete Kräuter der Provence verwenden.

Froschfest

Heut ist ein Fest bei den Frö-schen am See,

Ball und Kon-zert und ein gros-ses Din-ner!

Quak quak quak quak.

Text und Melodie: Volksgut

Das Fest der Erstkommunion

Eine Woche nach Ostern wird in vielen katholischen Pfarrgemeinden das Fest der Erstkommunion gefeiert. Mädchen und Jungen im Alter von neun bis zehn Jahren dürfen jetzt zum ersten Mal das Heilige Brot, die Heilige Kommunion empfangen. Von diesem Zeitpunkt an sind sie in ganz besonderer Weise mit Gott verbunden.

Im 19. Jahrhundert wurde diese Verbindung als eine Art Hochzeit verstanden: Die Mädchen und Jungen wurden als Braut und Bräutigam bezeichnet. Der Wunsch, diese Auslegung auch sichtbar zu machen, führte zu dem Brauch, dass die Mädchen an diesem Festtag lange, weiße Kleider tragen und die Jungen ihren ersten Anzug geschenkt bekommen.

Die zu diesem Fest gehörende Erstkommunionkerze, die den Jungen und Mädchen zu diesem Ereignis überreicht wird, erinnert an die Tauf- und Osterkerze. Beliebte Geschenke sind Rosenkranz und Gebetbuch. Die Erstkommunion wird gerne als großes Familienfest gefeiert. Viele Gemeinden haben dieses Fest in den Mai verlegt, weil es dann schon wärmer ist.

Das Fest Christi Himmelfahrt

Die frühen Christen begingen das Fest Christi Himmelfahrt noch nicht. Erst im vierten Jahrhundert begannen sie damit, den 40. Tag nach Ostern als eigenes Fest zu verstehen und zu feiern. Vielleicht auch deswegen, weil der Evangelist Lukas von der Auferstehung und von der Himmelfahrt Christi als von zwei voneinander unabhängigen Ereignissen erzählt.

Auch zum Fest Christi Himmelfahrt haben sich einige Bräuche entwickelt, die sich teilweise bis zur heutigen Zeit gehalten haben. Früher aß man an diesem Tag nur Geflügel – offenbar hatte man sich die Himmelfahrt als eine Art Flug gen Himmel vorgestellt.

Auch der alte Brauch, eine Christusstatue durch die Luke einer Kirche hochzuziehen, hat in diesem Gedanken vermutlich seinen Ursprung. Im Laufe der Jahrhunderte haben sich die Christen immer wieder vorgestellt, wie die Himmelfahrt wohl vonstatten gegangen sein mag.

Im 16. Jahrhundert sprach man von einer Auffahrt Christi. Viele Bilder aus der damaligen Zeit zeigen uns Jesus, wie er, von einer Wolke umgeben, himmelwärts schwebt und seine Freunde von ihm Abschied nehmen. Er selbst ist oft als Sieger mit einer Art Krone dargestellt.

Das Pfingstfest

Am Ende des vierten Jahrhunderts setzte sich Pfingsten als eigenes Fest der Geistsendung durch. Ursprünglich hatte Pfingsten – ähnlich wie Ostern – sogar eine eigene Festwoche. Heute begehen wir Pfingsten als Abschluss der Osterzeit. Die Bedeutung des hebräischen Wortes für Pfingsten ist: Atem, Wind, Hauch.

Die Juden begehen ihr Pfingsten als frohes Erntefest. Das erste Pfingsten der jungen Christen war das Fest des Aufbruchs. Gottes Geist, der von Jesus versprochen war, beflügelte die Jünger, so dass sie zu predigen begannen. Alle waren regelrecht be-geist-ert und Feuer und Flamme, weil sie spürten, dass Gottes Geist sie verbindet. So ist es bis heute: Menschen, die aus dem Geist Gottes leben, verstehen einander – quer über alle Länder und Nationen, quer über alle Sprachen.

Die bekanntesten Pfingstbräuche

Mit Pfingsten wurden seit jeher zahlreiche Volksbräuche – oft Wettspiele und prunkvolle Umritte – verbunden. In Oberbayern und den Alpenländern wird am Pfingstsonntag das Vieh auf die Alm und die Weide getrieben. Der mit Blumen festlich geschmückte Pfingstochse führt den Zug an. In Niederbayern und im Bayerischen Wald werden noch heute farbenprächtige Pfingstumritte abgehalten.

Als Fest des Heiligen Geistes erhielt Pfingsten – ebenso wie Weihnachten und Ostern – einen zweiten Feiertag, den Pfingstmontag. Das Sinnbild des Heiligen Geistes ist die Taube. Erste symbolische Darstellungen von Tauben finden wir im Gebiet des heutigen Irak. Im Judentum und in der Antike bedeutet die Taube Sanftmut und Liebe. Das hat einen einfachen Grund: Die Menschen nahmen an, die Taube habe keine Gallenblase, und wäre daher frei von Bitterem und Bösem.

Im Alten Testament wird uns von Noah berichtet, der eine Taube aussendet; sie kehrt zurück mit einem Palmzweig im Schnabel. Das bedeutete Hoffnung auf trockenes Land und Hoffnung auf ein friedliches Zusammenleben von Natur und Mensch. So wurde die Taube in den letzten Jahren zum Sinnbild für Versöhnung und Frieden.

Wir basteln eine Pfingsttaube

MATERIAL

⊕ *Weißes Tonpapier*
⊕ *Weißes Seidenpapier*
⊕ *1 Schere, Wollfaden*

1 Zu Beginn machen Sie eine Kopie von der Abbildung auf dieser Seite (vergrößern!), schneiden sie aus, kleben Sie auf das Tonpapier und schneiden sie dort nochmals aus – der Körper ist fertig!

2 Die Flügel stellen wir aus einem etwa zehn mal zehn Zentimeter großen Stück Seidenpapier her, das wir wie eine Ziehharmonika falten.

3 Der Strich im Körper der Taube (siehe Skizze) wird nun mit einem Messer geschlitzt. Durch diesen Schlitz werden die gefalteten Flügel geschoben.

4 Man fasst die Flügel oben zusammen und bohrt mit einer Schere ein kleines Loch, durch das man den Wollfaden durchzieht und verknotet.

Nun kann die Taube fliegen, und sie findet an einem blühenden Zweig ihren Platz – so lange, bis sie an Freunde zum Pingstfest verschenkt wird.

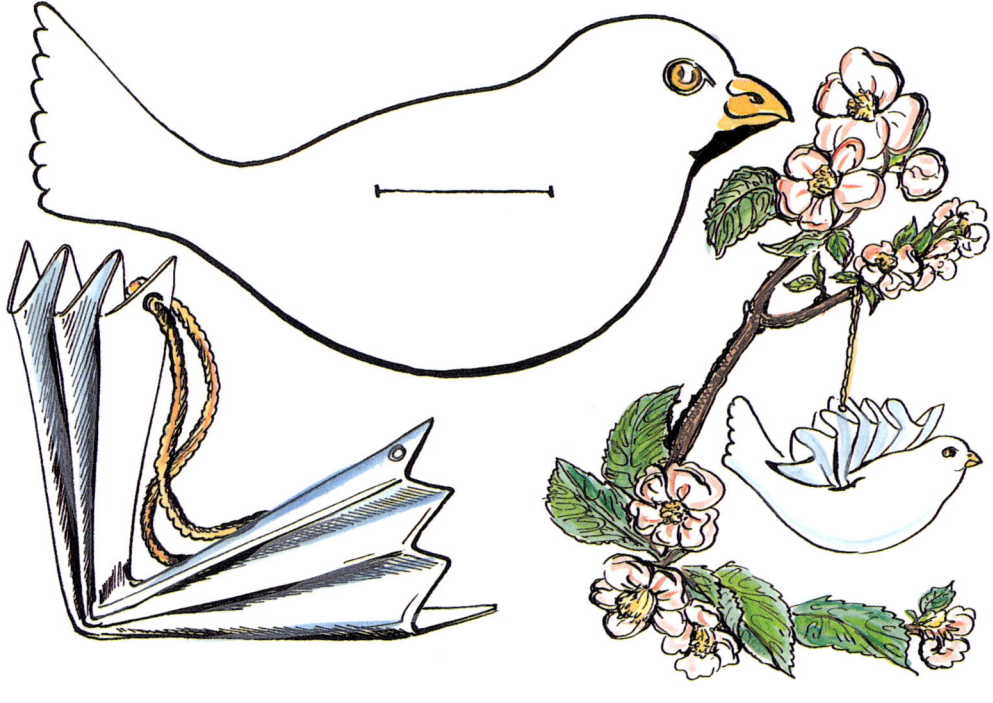

Alle Knospen springen auf

1. Al - le Knos-pen sprin-gen auf, fan - gen an zu blü - hen. Al - le Näch - te wer - den hell, fan - gen an zu glü - hen. Knos-pen blü - - - hen, Näch - te glü - - - hen. Al - le hen.

2. Alle Menschen auf der Welt
fangen an zu teilen.
Alle Wunden nah und fern
fangen an zu heilen.
Menschen teilen – Wunden heilen
Knospen blühen – Nächte glühen.

Text: Wilhelm Wilms
Melodie: Ludger Edelkötter

Bunte Pfingstbuschen

Einige Eltern überraschen ihre Kinder zu Pfingsten mit einem hübchen Pfingstbuschen. Man nimmt einen frischen Birkenzweig (oder auch mehrere), ein weißes Geschenkband und bindet ein paar gebackene Teigtauben daran. Ein paar bunte Schleifen zieren den Buschen zusätzlich. So wirkt das Haus gleich viel wohnlicher.

Die Zeit zwischen den Festkreisen

Die Zeit zwischen dem Osterfestkreis und dem Weihnachtsfestkreis ist geprägt durch zahlreiche Heiligenfeste, Marienfeste und andere Feiertage. Wir können hier nicht auf alle diese Feste näher eingehen, sondern greifen nur einige heraus, die sich besonders gut zusammen mit Kindern gestalten lassen.

Das Erntedankfest

Nach dem Kalender beginnt am 23. September der Herbst. Von nun an werden die Tage kürzer und die Nächte länger. Jetzt ist noch mal Erntezeit. Ohne Erde, genügend Regen, Wind und Sonne wären die Früchte nicht gediehen. Ein Grund, Danke zu sagen an Gott, der uns all dies schenkt.

Erntedankfeste gibt es, seit Menschen den Boden bestellen und Früchte aller Art ernten. Von den Israeliten wissen wir, dass sie ihr Wochen- und Laubhüttenfest als Erntedankfest feierten. Auch die Römer kannten Dankfeste für die Ernte. Die Kirche feiert das Erntedankfest am ersten Sonntag im Oktober. Die Menschen danken Gott für die Früchte des Gartens und der Felder, denken aber auch an die vielen hungernden Menschen in der Welt und spenden für sie. Am Erntedankfest werden die Kirchen feierlich mit Erntekränzen aus Getreide, mit Früchten von Garten und Feld ausgeschmückt. Im Gottesdienst am Erntedanksonntag stehen zwei Früchte der Erde und der menschlichen Arbeit besonders im Mittelpunkt: Brot und Wein − als jene Gaben, die jeden Sonntag zum Altar gebracht werden. An diesem Festtag werden sie besonders feierlich, meist in einem kleinen Zug (einer Prozession), auf den Altar gestellt: das Brot als Zeichen für unser tägliches Leben und der Wein als Zeichen für Fest und Feiern.

Es reift so viel Weizen

Es reift so viel Weizen in Kanada.
Wie viele macht er satt,
von den Schönen, braunhäutigen Kindern da,
in Bombay und Haiderabad.

Doch für die wird er nicht gemahlen,
sie können ihn nicht bezahlen.

Es reifen auf Erden die Früchte am Baum,
mit duftenden Blüten im Mai.
Doch sahen so viele die Früchte kaum,
in Chile und Paraguay.
Viele Früchte, so hoch aufgeschichtet,
sie werden von Menschen vernichtet.

Wir haben die Frucht und das Korn angebaut
und reich gemacht Garten und Feld.
Doch es hungern in Bagdad und Hadramaut
noch immer die Kinder der Welt.

Wir können den Hunger schon heilen,
nur müsste man besser verteilen.

James Krüss

134

Weinlese im Oktober

Ich erinnere mich genau. Es war in den letzten Oktober-
tagen. Die Stadt lag in Nebelschwaden eingehüllt unter mir.
Es war früher Morgen. Ich stand auf dem steil zum Main hin
abfallenden Weinberghang.

*Die folgende Geschichte
von der Weinlese im Okto-
ber macht deutlich, wie
viel Arbeit allein im Lesen
der Weintrauben steckt.*

Schon hörte ich das Tuckern der ankommenden Traktoren.
Und in Windeseile entstiegen den lärmenden Ungetümen
eine Menge Menschen: Frauen, dick eingehüllt in warme, wollene Röcke, fast
bis zum Boden reichend. Das Gesicht verdeckte ein grobes Kopftuch. Hulletuch
wird es in Franken genannt. Auch einige Männer waren unter der lustig schwat-
zenden Schar: Kräftige Mannsbilder in derber, dunkler Kleidung!

Heute soll also ›unser‹ Weinberg gelesen werden. Und schon ging's los. Mit einer Schere in der Hand und einem Fass, der Butte, auf dem Rücken machten
sich die Frauen und Männer an die Arbeit. Die Scheren gingen flink und jedes-
mal, wenn eine Traube abgeschnitten war, wanderte sie nach hinten in die Butte. Das ging unglaublich schnell! Im Nu war die Butte bis zum Rand gefüllt.
Schon kam der erste, der seine schwere Rückenlast auf dem Laderaum des
Weinbergwagens abwarf. Und jetzt kamen auch die anderen: die gutbeleibte
Frau mit ihrem dicken Kopftuch, das Mannsbild mit der groben Hose, der mit
der rotgefrorenen, dicken Nase, die junge Frau mit den klobigen Stiefeln, alle
kamen nach und nach und sorgten dafür, dass der Laderaum des Wagens sich
in ein ganzes Traubenmeer verwandelte. Die Sonne hatte inzwischen ihre Ok-
toberwärme herabfluten lassen. Es war ein munteres Treiben.

Ein Wagen nach dem anderen verließ den Weinberg, um in die Stadt zu fahren,
wo die große Mühle auf die Trauben wartete.

Von weit her hörte ich Glockengeläut. Und plötzlich war es still am Weinberg. In
Windeseile waren all die fleißigen Frauen und Männer an einem kleinen Wein-
berghäuschen versammelt, stellten die Butten ab und suchten sich einen Platz
in der Sonne. Brotzeit! Vom großen Laib Brot wurden Scheiben abgesäbelt, die
rote Wurst schnitten sie mit dem Arbeitsmesser aus der blechernen Dose. Und
Kümmeli, eingemachte Gurken aus dem Glas, wurden mit den Händen ge-
fischt. So aßen sie zusammen, schwatzten und lachten – und das alles direkt
neben meinem Heimathaus, in Würzburg, an der Weinlage »Würzburger Neu-
berg«. Immer, wenn ich den edlen Tropfen trinke, steigt diese Kindheitserinne-
rung in mir auf.

Gertrud Weidinger

Die Frau und der Weizen

Es waren einmal drei Tierlein, eine Ente, eine Ziege und eine Katze. Die wohnten in einem kleinen Häuschen, und ihre Frau war ein altes Waldweiblein. Das bekam einmal eine Handvoll Weizenkörner geschenkt. »Die lege ich in den Boden, damit sie wachsen«, sagte das Weiblein, »wer will mir helfen?« – »Wir nicht«, sagten die Ente, die Ziege und die Katze. Da tat sie es allein. Der Weizen wurde hoch und reif. »Nun will ich den Weizen schneiden«, sagte das Weiblein, »wer will mir helfen?« – »Wir nicht«, sagten die Ente, die Ziege und die Katze. Da tat sie es allein »Nun muss ich den Weizen dreschen«, sagte das Weiblein, »wer will mir helfen?« – »Wir nicht«, sagten die Ente, die Ziege und die Katze. Da tat sie es allein. »Nun trage ich die Körner in die Mühle und lasse Mehl mahlen«, sagte das Weiblein, »wer will mir helfen?« – »Wir nicht«, sagten die Ente, die Ziege und die Katze. Da tat sie es allein.

»Nun wird Brot gebacken«, sagte das Weiblein, »wer will mir helfen?« – »Wir nicht«, sagten die Ente, die Ziege und die Katze. Da tat sie es allein.

»Nun will ich das Brot essen«, sagte das Weiblein, »wer will mir helfen?« – »Wir essen mit«, sagten die Ente, die Ziege und die Katze.

»Nein, nein, nein«, sagte das Weiblein, »ich esse allein. Wer nicht arbeitet, soll auch nicht essen.«

Christian Keller

Weizenkörner, Trauben

1. Wei - zen - kör - ner, Trau - ben, hört von un - serm Glau - ben, wer nicht auf - ge - rie - ben wird wer sich das er-spart, der bleibt, hart, bleibt hart.

2. Weizenkörner, Trauben, hört von unserm Glauben.
Wer nicht in die Mühle fällt, leidet keine Not,
wird kein Brot, kein Brot.

3. Weizenkörner, Trauben, hört von unserm Glauben.
Wer nicht in die Kelter fällt, wird auch nicht gepresst,
für das Fest, das Fest.

Text: Wilhelm Willms
Musik: Ludger Edelkötter

137

Das Rübenziehen

Im Herbst werden vielerorts Zuckerrüben bzw. Futterrüben geerntet. Nicht nur hier in Deutschland, Österreich oder der Schweiz, auch im früheren Russland gab es die Rübenernte. Das bezeugt die folgende Geschichte eines russischen Väterchens.

Väterchen hat Rüben gesät. Er will eine Rübe herausziehen; er packt sie beim Schopf, er zieht und zieht und kann sie nicht herausziehen. Väterchen ruft Mütterchen; Mütterchen zieht Väterchen, Väterchen zieht die Rübe, sie ziehen und ziehen und können sie nicht herausziehen.

Kommt das Enkelchen: Enkelchen zieht Mütterchen, Mütterchen zieht Väterchen, Väterchen zieht die Rübe, sie ziehen und ziehen, können sie nicht herausziehen.

Kommt das Hündchen: Hündchen zieht Enkelchen, Enkelchen zieht Mütterchen, Mütterchen zieht Väterchen, Väterchen zieht die Rübe, sie ziehen und ziehen und können sie nicht herausziehen.

Kommt das Hühnchen: Hühnchen zieht Hündchen, Hündchen zieht Enkelchen, Enkelchen zieht Mütterchen, Mütterchen zieht Väterchen, Väterchen zieht die Rübe, sie ziehen und ziehen und können sie nicht herausziehen.

Kommt das Hähnchen: Hähnchen zieht Hühnchen, Hühnchen zieht Hündchen, Hündchen zieht Enkelchen, Enkelchen zieht Mütterchen, Mütterchen zieht Väterchen, Väterchen zieht die Rübe: Sie ziehen und ziehen – schwupps, ist die Rübe heraus, und das Märchen ist aus!

Diese Geschichte lässt sich herrlich mit Kindern nachspielen: Ein Tuch stellt die Rübe dar, während Väterchen, Mütterchen usw. von Personen gespielt werden. Väterchen versucht die Rübe zu ernten, Mütterchen und Enkelchen hängen sich daran, gefolgt von den Tieren. Das letzte und kleinste Tier schließlich bringt den Ernteerfolg. Übrigens hört sich die Geschichte auch lustig an, wenn die Worte (oder nur die Laute), die beim Herausziehen zu hören sind, nachgeahmt werden: zum Beispiel »hau-ruck« von Väterchen, »geh raus« von Mütterchen, »komm her« vom Enkelchen und dann die entsprechenden Tierlaute.

Erntedanklied

Seht, was wir ge-ern-tet ha-ben! Herr, wir brin-gen dir die Ga-ben. Al-les, al-les ist von dir! Herr wir dan-ken dir da-für!

Zwischen dem Kehrvers werden die einzelnen Strophen gesprochen:

1. Äpfel, Birnen bring ich her.
Mmm, die schmecken mir so sehr.
Und ich bringe die Tomaten.
Seht nur, sind sie gut geraten?
Seht, was wir geerntet haben! Herr, wir bringen dir die Gaben.
Alles, alles ist von dir! Herr wir danken dir dafür!

2. Hier, ich schleppe huckepack
die Kartoffeln in dem Sack.
Vergesst es nicht! Ich sag' es laut:
Aus diesem Kopf wird Sauerkraut.
Seht, was wir geerntet haben! Herr, wir bringen dir die Gaben.
Alles, alles ist von dir! Herr wir danken dir dafür!

3. In meinem Korb liegt frisches Brot.
Nun gibt's im Lande keine Not.
Aus meinem Garten vor dem Haus
bring ich diesen Blumenstrauß.
Seht, was wir geerntet haben! Herr, wir bringen dir die Gaben.
Alles, alles ist von dir! Herr wir danken dir dafür!

Text : Franz Xaver Riedel
Melodie: Gertrud Weidinger

REZEPT

Tomatenketchup

Die Herbstzeit ist die Zeit der letzten Tomaten. Was bietet sich da Besseres an, als Tomatenketchup selbst herzustellen?

ZUTATEN

- 1 1/2 kg Tomaten
- 200 g Zwiebeln
- 200 ml Rotweinessig
- 100 g Zucker (oder Ahornsirup)
- 50 g Salz
- Paprikapulver
- 1 Bund Petersilie
- 1 Bund Basilikum
- Etwas Liebstöckel (Maggikraut)
- 2 Zweiglein Thymian
- 2 Lorbeerblätter
- Etwas Muskat

1 Tomaten waschen, Fruchtansatz entfernen und vierteln, die Zwiebeln schälen und in feine Würfel schneiden.
2 Das Gemisch zusammen mit Essig, Zucker und den klein geschnittenen Kräutern etwa eine Stunde kochen.

3 Zum Schluss muss die Masse dicklich eingekocht sein. Nun wird die Tomatenmasse durch ein feines Sieb gestrichen und möglichst heiß mit einem Trichter in saubere, gut verschließbare Gläschen gefüllt. Am besten sterilisiert man die verschlossenen Gläschen noch einmal 30 Minuten lang bei 80°C. Und nun: Guten Appetit beim nächsten Nudelessen!

BASTELN

Wir basteln ein Windrad

MATERIAL
- 1 Bogen Tonpapier oder Fotokarton
- Schere
- 1 kräftige, längere Dekonadel mit Kopf
- 1 Rundstab aus Holz

Wenn die ersten Herbststürme toben und die Windräder surren, kann der November nicht mehr weit sein. Apropos Windrad: Mit einem Windrad durch den Herbstwind zu laufen, ist herrlich erfrischend und macht Spaß.

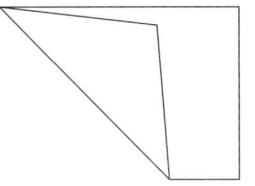

1 Die untere linke Ecke zum oberen Rand falten

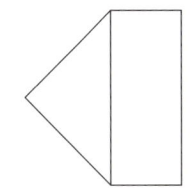

2 Die obere linke Ecke darüber nach unten falten

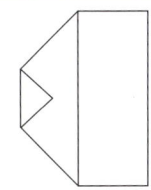

3 Die Dreiecksspitze nach rechts falten

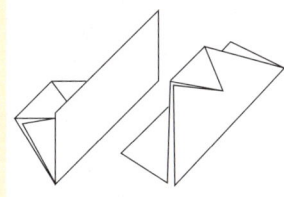

4 Den Randstreifen bis zum Dreieck abknicken

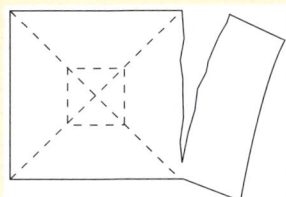

5 Auffalten und Randstreifen abtrennen

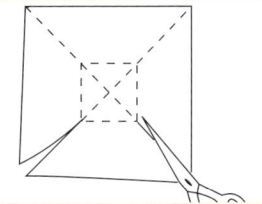

6 Von jeder Ecke bis zum Knick einschneiden

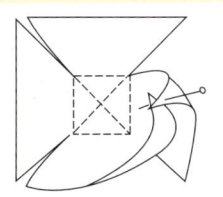

7 Jede zweite Ecke zur Mitte biegen

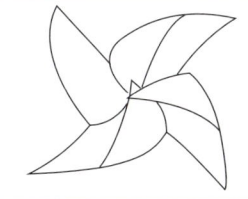

8 Eine Nadel durch den Mittelpunkt stechen

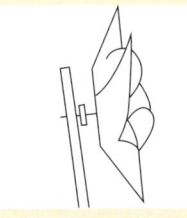

9 Die Nadel fest in den Holzstab stecken

Weitere Ideen zum Erntedankfest

In manchen Familien ist es Tradition, am Erntedanksonntag gemeinsam ein Brot zu backen. Am besten mahlt man das Getreide selbst. Zusammen mit den Kindern wird der Teig geknetet und nach dem Aufgehen in verschiedene Formen gebracht: Wir können beispielsweise einen runden Laib, ein längliches Stangenbrot, einen Zopf oder sogar ein Gebildebrot mit einer Brotteigähre als Verzierung backen. Welch ein Duft!

Erntetisch

Äpfel, Birnen, Nüsse, ein kleiner Krautkopf, gelbe Rüben, eine Zwiebel und ein kleiner Laib Brot gehören in jedem Fall auf den Erntetisch – selbstverständlich können Sie auch noch ganz andere Früchte, Gemüse, aber auch verschiedene Getreideähren zum Dekorieren dazulegen.

Früchte sammeln

Im Herbst kann man ausgedehnte Spaziergänge unternehmen und dabei Früchte der Wiesen und des Waldes sammeln, zum Beispiel Schlehen, Brombeeren, wilde Äpfel, Nüsse, Holunder oder Kräuter, Pilze und Bucheckern. Aus vielen Früchten lässt sich eine leckere Marmelade kochen, mit manchen Kräutern kann man Suppen verfeinern.

Herbstblumen und Herbstlaub

Halten Sie nur die Augen offen, was da so alles vor Ihren Augen blüht; beachten Sie in jedem Fall auch trockene Gräser, Binsen und Blätter für einen herbstlichen Strauß. Mit buntem Laub lässt sich die Tischdekoration für das Erntedankessen gestalten. Laub eignet sich auch gut, um Einladungskarten originell zu gestalten. Es wird in schönen Formen und abwechselnden Farben auf eine weiße Postkarte geklebt und mit Haarlack übersprüht. Aus gepresstem, buntem Laub kann man auch hübsche Bilder fertigen (zum Beispiel Fantasievögel).

Apfelringe

Pflaumen und Äpfel eignen sich gut zum Trocknen. Man schält die Äpfel, entfernt das Kerngehäuse und schneidet sie in dicke Ringe. Zusammen mit den Pflaumen werden sie auf ein Backpapier gelegt und in den Ofen geschoben. Bei geöffneter Ofentüre und einer Temperatur von 50 Grad werden die Früchte gedörrt – die Apfelringe sind nach 8 bis 20 Stunden fertig.

Allerheiligen und Allerseelen

Im November ist es oft grau und regnerisch. Stürme und Nebel begleiten diesen trüben Monat. Deshalb wird der November als Trauer- und Totenmonat bezeichnet. Der Buß- und Bettag (am vorletzten Mittwoch des Kirchenjahres), der Volkstrauertag (am Sonntag vor dem Totensonntag) und der Totensonntag (am letzten Sonntag des Kirchjahres) prägen diesen Monat. Aber schon der erste Tag des Monats wird als Festtag gefeiert: Allerheiligen. Der Feiertag, der sich direkt daran anschließt, ist Allerseelen.

Die Wurzeln des Festes Allerheiligen reichen weit zurück. Schon aus dem vierten Jahrhundert ist überliefert, dass römische Christen all derer gedachten, die ihr Leben für ihren Glauben hingaben. Ein Mal im Jahr richten auch wir heute den Blick auf alle, die uns Vorbild sein können: die Heiligen. Viele von ihnen kennen wir mit Namen, andere sind uns nicht mehr bekannt. Menschen, die sich für Christus eingesetzt haben und deshalb manchmal sogar gefoltert oder getötet wurden, heißen Märtyrer. An sie und an eine Menge anderer Menschen, die Jesus nachgefolgt sind, erinnert uns das Fest Allerheiligen. An diesem Tag werden die Gräber der Familienangehörigen und Freunde besucht und für den Allerseelentag frisch gerichtet. Am Allerseelentag, in vielen Orten aber auch schon an Allerheiligen, treffen sich die Familien und Verwandten zum Gräbergang und anschließendem gemütlichen Beisammensein. Dann wird von den Toten erzählt – von ihrem Leben, ihren Schwächen und Stärken, von lustigen und traurigen Begebenheiten. Man spürt, dass die Toten im Herzen der Menschen weiterleben.

Die Tradition des Allerheiligenbrotes

Früher gab es den Brauch, Allerheiligenbrote zu backen, die an Arme und Hilfsbedürftige verschenkt wurden. Davon erzählt die Geschichte auf Seite 144. In Südtirol kennt man diese Allerheiligenbrote immer noch: Das ist ein Gebäck aus süßem Hefeteig, das reich verziert ist. Der Pate bringt das Brot als kleine Aufmerksamkeit seinem Patenkind ins Haus. Er schenkt ihm damit Brot, das es zum Leben braucht. Manchmal ist in das Allerheiligenbrot ein Geldstück eingebacken. Es soll dem Patenkind zu Allerheiligen Glück bringen.

Allerheiligen

Schon ein paar Tage vor dem Allerheiligenfest schaut jedes Haus wie eine große Bäckerei aus. Die Bäuerin herrscht in der Küche und schafft selbst wacker mit beim Kneten und Backen. Der Bissen des neuen Brotes, den sie zur Probe verzehrt, bleibt der einzige den ganzen Tag. Ihr Herz ist gesättigt vom Brote, das andere essen.

Am Vorabend des Allerheiligenfestes ziehen die Armen in ganzen Familien von Haus zu Haus, von Ort zu Ort. Sie stehen an der Türschwelle, sie grüßen mit dem vielstimmigen Ruf: »Bitt gar schön um einen Allerheiligenstriezel!« Da wird geteilt, und jeder bekommt seinen Allerheiligenstriezel. »Vergelt's Gott, Allerheiligen!«, rufen sie und ziehen weiter zur nächsten Tür. Die Säcke und die Körbe werden schwer, aber das Herz jauchzt vor Freude.

Peter Rosegger

Hilf, Herr meines Lebens

1. Hilf, Herr mei-nes Le-bens, dass ich nicht ver-ge-bens,
dass ich nicht ver-ge-bens hier auf Er-den bin.

2. Hilf, Herr meiner Tage,
dass ich nicht zur Plage,
dass ich nicht zur Plage
meinem Nächsten bin.

3. Hilf, Herr meiner Stunden,
dass ich nicht gebunden,
dass ich nicht gebunden
an mich selber bin.

4. Hilf, Herr meiner Seele,
dass ich dort nicht fehle,
dass ich dort nicht fehle,
wo ich nötig bin.

Text: Gustav Lohmann, 1962
Melodie: Hans Puls, 1962

Allerseelen

Dieser Tag ist nun der Gedenktag an alle toten Angehörigen. Überall gehen die Menschen zu den Gräbern ihrer Verstorbenen. Die mit Astern und Chrysanthemen geschmückten Gräber sollen ein Licht darauf werden, dass auch wir einmal sterben werden. Wir sind aufgefordert, darüber nachzudenken, wie wir unser Leben gestalten.

Merk es dir!

Schreib in den Sand, die dich betrüben,
vergiss sie und schlaf darüber ein,
denn was du in den Sand geschrieben,
das wird schon morgen nicht mehr sein.

Schreib in den Fels, was du erfahren,
an Freude, Seligkeit und Glück,
denn dieser Fels nach langen Jahren
gibt dir die Inschrift noch zurück.

Schreib in dein Herz all deine Lieben
von Nord und Süd und Ost und West,
denn was du in dein Herz geschrieben,
das hält für alle Zeiten fest.

Inschrift in einem Südtiroler Gasthaus

Die Frage, was nach dem Leben auf der Erde kommt, hat die Menschen schon immer beschäftigt. Solche Gedanken beherrschen uns vor allem in der Zeit um Allerheiligen und Allerseelen. Christen glauben, dass sie dann von Gott ein neues, ganz anderes Leben bekommen, dass sie auferweckt werden und für immer bei Gott sein dürfen und glücklich sind. Jesus hat gesagt: Wer an mich glaubt, wird leben, auch wenn er stirbt.

Ein Friedhofsrundgang

Bei uns werden die Toten beigesetzt oder verbrannt. In anderen Ländern kennt man vornehmlich Grabkammern oder Erdgräber, die mit großen Grabplatten verschlossen sind. Es ist sehr interessant, mit wachen Augen über den Friedhof zu gehen. Man kann so die Menschen, die dort ihre letzte Ruhe gefunden haben, kennen lernen. Viele Menschen genießen die Ruhe, die auf den Friedhöfen herrscht. Alte Friedhöfe haben manchmal sogar etwas von einem großen, gepflegten Park an sich. Vögel nisten und brüten, es herrscht eine beschauliche Atmosphäre. Gräber und Friedhöfe sind also keine Stätten, vor denen man sich fürchten muss oder Angst zu haben braucht.

Der Martinstag

Mitten in der kahlen, kalten Zeit feiern wir am 11. November das Fest des heiligen Martin von Tours. Im Mittelpunkt des Martinsfestes steht der Laternenumzug durch die jetzt schon dunklen Straßen am späten Nachmittag. Der Zug wird begleitet von einem Reitersmann hoch zu Ross, der den heiligen Martin verkörpern soll. In Deutschland gehört der heilige Martin bei Kindern zweifellos zu den beliebtesten Heiligen. Für die ländliche Bevölkerung war der Martinstag früher das Ende eines Arbeitsjahres. Es war der Tag, an dem die Dienstboten sich eine andere Arbeitsstelle suchen mussten – und es war der Tag, an dem Pachtzins gezahlt werden musste.

Der heilige Martin

Martin wurde um das Jahr 316 in Pannonien (heute Ungarn) geboren. Sein Vater war römischer Offizier. Die Römer verehrten damals viele Götter, unter anderem auch den Kriegsgott Mars. Nach ihm wurde Martin benannt: Martinus, der kleine Mars. Gerne hätte der Vater gesehen, dass sein Sohn auch römischer Soldat werden würde. Aber Martin begeisterte sich nur für Jesus, was er freilich für sich behalten musste, weil die Römer die Christen hassten. Tatsächlich wurde Martin mit ungefähr 15 Jahren Soldat und bald darauf Offizier. Martin ließ sich aber nicht, wie es als Offizier üblich war, bedienen, sondern wollte selbst dienen – wie Jesus, der den Menschen diente. So kam es, dass er bei allen Soldaten beliebt war.

Im Alter von 18 Jahren ließ sich Martin taufen und verließ den kaiserlichen Dienst. Dabei ging er auf den Kaiser zu und sprach: »Bis heute habe ich dir gedient; jetzt will ich meinem Gott dienen.« Und er gab dem Kaiser sein Schwert zurück. Der Vater war außer sich, die Mutter aber hielt zu ihm. Martin ging nach Frankreich in die Stadt Poitiers, wo er den Armen und Schwachen helfen wollte. Er lebte sehr einfach in einer Einsiedlerzelle und wurde im Jahr 371 schließlich zum Bischof von Tours geweiht, einer Stadt an der Loire. Aber auch als Bischof Martin lebte er weiterhin einfach und versuchte zu helfen, wo er konnte. Er wurde von den Menschen als Beschützer und Helfer der Armen zeitlebens sehr geschätzt. Schon bald, nachdem er im Jahr 397 starb, wurde er als Heiliger, als Sankt Martin, verehrt.

Um diesen Tag ranken sich viele Geschichten und Legenden über den heiligen Martin. Darunter ist auch die Martinslegende, die jeder kennt: Martin ritt bei bitterer Kälte eines Abends durch das Stadttor von Amiens. Dort saß frierend und zitternd ein Bettler. Martin zögerte nicht lange, zog sein Schwert und teilte seinen warmen Mantel mit dem Bettler. Der dankte ihm, und Martin ritt weiter.

Martinstag ist heut

1. La - ter - nen schwin-gen, Lie - der sin - gen: Mar - tins -
tag ist heut! Ein fro - hes La - chen
Gu - tes ma - chen: dass es al - le freut! Komm
freu dich, komm freu dich und tan - ze da - zu! Komm
freu dich, komm freu dich und tan - ze da - zu!

2. Doch nicht nur eilen –
auch verweilen:
Martinstag ist heut!
Die Hände drücken, freundlich nicken:
dass es alle freut.
Komm, freu dich, komm, freu dich
und tanze dazu!

3. An Kranke denken,
Zeit verschenken:
Martinstag ist heut!
Die Kälte wenden, Wärme spenden:
dass es alle freut.
Komm, freu dich, komm, freu dich
und tanze dazu!

4. Die Lichterpracht erhellt die Nacht:
Martinstag ist heut!
Ein Fest gestalten mit den Alten:
dass es alle freut!
Komm, freu dich, komm, freu dich
und tanze dazu!

Text und Melodie:
Gertrud Weidinger

Bräuche zum Martinstag

Da der Martinstag früher Pacht- und Zinstag war und die Leute oft mit Getreide und Vieh bezahlten, weil sie keine anderen Zahlungsmittel hatten, hat sich der Brauch des Martinssingens herausgebildet. Die Kinder ziehen mit ihren leuchtenden Laternen von Haus zu Haus, singen Lieder und sagen Sprüchlein auf. Sie sammeln dabei Lebkuchen, Weckmänner, allerlei Süßes und Geld. Früher ging es natürlich mehr um Wurst, Fleisch oder andere Naturalien:

> Es gibt viele Steine und Wurzeln,
> ich könnt leicht darüberpurzeln.
> Würstli raus, Würstli raus.
> Glück und Segen in das Haus!
>
> *Aus der Schweiz*

Heute könnte ein Spruch eher so klingen:
> Hier wohnt ein reicher Mann,
> der uns was geben kann.
> Viel soll er geben,
> lange soll er leben.
> selig soll er sterben,
> das Himmelreich erwerben.
> Lasst uns nicht zu lange stehn,
> denn wir müssen weitergehn!

Der Martinszug

Die Lichterprozession zu Ehren des heiligen Martin (Martinszug) ist zum wichtigsten Brauch am Martinstag geworden. Verschiedenfarbige und verschiedenartige Laternen bringen Licht in die Dunkelheit. Es sollte früher die bösen Geister verscheuchen und auf die Botschaft des heiligen Martin aufmerksam machen: Vergiss die Notleidenden nicht! Aber das Vertreiben der bösen Geister ist auch heute noch in mancher Martinslaterne zu finden – und zwar in Gestalt von bösen Fratzen, die in Runkelrübenlaternen geschnitten werden.

Wir basteln eine Runkelrüben-/Kürbislaterne

MATERIAL

⊕ *1 Kürbis oder Runkelrübe*

⊕ *1 großes Messer*

⊕ *1 Löffel*

⊕ *Mehrere Teelichte*

⊕ *1 kräftiger Stock*

In diesem Monat geht die Rübenerntezeit zu Ende. Da findet sich sicher irgendwo noch eine rundliche Rübe im verlassenen Acker, aber wir können ebenso gut einen großen Kürbis verwenden.

1 Zunächst muss man den Deckel köpfen und die Rübe mit einem großen Löffel möglichst weit nach unten und auch zur Seite aushöhlen.

2 Dann schneiden Sie große Augen, eine Nase und eine Furcht erregende Fratze als Mund aus.

3 Falls der Boden der Rübe etwas uneben ist, sollten Sie mit dem Löffel noch etwas wegschaben, bis er möglichst eben ist. So können dann eine Kerze oder mehrere Teelichte gut darauf stehen.

4 Der vorher abgeschnittene Deckel dient als Kopfbedeckung. Das fertige Rübengesicht wird nun auf einen stabilen Stock gesteckt. Fertig ist die Laterne!

Die Martinsgans

Als Martin hörte, dass er Bischof von Tours werden sollte, wollte er das schwere Amt nicht übernehmen. Er flüchtete sich in einen Gänsestall, damit ihn niemand fand. Die Gänse aber schnatterten aufgeregt und verrieten so das Versteck. Er wurde schließlich gefunden und trat sein Amt an. Aber er soll sich so über das Gänsegeschnatter geärgert haben, dass er die Gänse kurzerhand schlachten und braten ließ.

BASTELN

Wir basteln eine Martinsgans

MATERIAL
- 1 Apfel
- 1 gelbe Serviette
- Faden
- Gelbes Tonpapier
- Schere
- Klebstift
- Stifte

1 Den Apfel in die Mitte der Serviette legen und knapp über dem Apfel zubinden. Die Serviettenenden sind der Schwanz und werden deshalb fedrig aufgezupft.

2 Füße, Flügel und Kopf stellen wir aus dem gelben Tonpapier her. Dazu kopiert man die Vorlage (bei Bedarf vergrößern) und schneidet den Kopf mit dem Hals zweimal aus.

3 Die beiden Kopf- bzw. Halsteile werden aneinander geklebt – und zwar bis zu der gestrichelten Linie. Dann müssen noch Augen und Schnabel aufgemalt werden.

4 Auch die Flügel werden zweimal ausgeschnitten, die Füße dagegen nur einmal.

5 Nun wird angeklebt: Den geklebten Kopfteil an der gestrichelten Linie auseinander falten, mit Kleber bestreichen und aufkleben. Die Flügel an das Halsende kleben und schließlich noch die Füße unten ankleben. Das ist ein prima Geschenk oder auch eine Tischdekoration zum Martinstag!

Weckmann und Martinsbrezel

Der Weckmann und die Martinsbrezel erinnern daran, dass für den heiligen Martin die Armen und Hungernden im Mittelpunkt standen. Der Weckmann besteht aus süßem Hefeteig und wird mit fünf Rosinen verziert. Meist hat er eine Tonpfeife im Arm. Er ist ein Zeichen der Freigiebigkeit, die uns Martin vorgelebt hat. Die Martinsbrezel verweist uns – ähnlich wie die Fastenbrezel – in ihrer Form auf das Kreuz und das Leiden Jesu.

Weitere Ideen für die Zeit zwischen den Festkreisen

Die Zeit zwischen den Festkreisen lässt sich besonders gut kreativ ausgestalten. Wer mit offenen Augen durch die Natur spaziert, der wird an jeder Ecke prächtige Farbenerlebnisse haben. Phil Bosmans hat einmal gesagt: »Mit jeder Blume am Wegrand zeigt Gott, dass er die Menschen liebt.«

Grabschmuck

Kinder haben oft originelle Ideen, wenn es um den Grabschmuck geht. Was spricht dagegen, um Allerheiligen herum mit ihnen zusammen das Grab herzurichten? Vorher sollte man besprechen und nach Möglichkeit aufzeichnen, wie das Grab aussehen soll. Als Material eignen sich grüne Zweige von Kiefer, Tanne und Fichte sowie Beeren (zum Beispiel grüne Schneebeeren), Früchte (Schlehen, Hagebutten), Herbstblätter und Moos.

Namenspatron

Es ist für Kinder ungeheuer spannend, dem eigenen Namenspatron auf die Spur zu kommen. Wann und wie hat er gelebt? Was bedeutet sein/mein Name eigentlich?

Basteln, basteln, basteln

In den dunklen, kalten Abenden bis zur Adventszeit kann man eifrig basteln. Aus Bucheckern, Hagebutten, Maiskörnern, Sonnenblumenkernen, Kastanien, Eicheln, Herbstblättern können wir beispielsweise eine hübsche Kette herstellen.

Ein armer Mann

2. Ihm ist so kalt. Er friert so sehr.
Wo kriegt er etwas Warmes her?
Er hört kein gutes Wort,
und jeder schickt ihn fort.
Er hört kein gutes Wort,
und jeder schickt ihn fort.

3. Der Hunger tut dem Mann so weh.
Und müde stapft er durch den
Schnee.
Er hört kein gutes Wort,
und jeder schickt ihn fort.
Er hört kein gutes Wort,
und jeder schickt ihn fort.

4. Da kommt daher ein Reitersmann,
der hält sogleich sein Pferd hier an.
Er sieht den Mann im Schnee und
fragt: »Was tut dir weh?«

Er sieht den Mann im Schnee und
fragt: »Was tut dir weh?«

5. Er teilt den Mantel und das Brot
und hilft dem Mann in seiner Not,
so gut er helfen kann.
Sankt Martin heißt der Mann.
So gut er helfen kann.
Sankt Martin heißt der Mann.

6. Zum Martinstag steckt jedermann
leuchtende Laternen an.
Vergiss den andern nicht,
drum brennt das kleine Licht.
Vergiss den andern nicht,
drum brennt das kleine Licht.

Text: Rolf Krenzer
Melodie: Peter Janssens

Sankt Martin

1. Sankt Mar - tin, Sankt Mar - tin, Sankt Mar - tin ritt durch Schnee und— Wind, sein Ross, das trug ihn fort ge - schwind. Sankt Mar - tin ritt mit— leich - tem Mut, sein— Man - tel deckt ihn warm und gut.

2. Im Schnee saß, im Schnee saß,
im Schnee, da saß ein armer Mann,
hat Kleider nicht, hat Lumpen an.
»O helft mir doch in meiner Not,
sonst ist der bittre Frost mein Tod!«

3. Sankt Martin, Sankt Martin,
Sankt Martin zieht die Zügel an,
das Ross steht still beim alten Mann.
Sankt Martin mit dem Schwerte teilt
den warmen Mantel unverweilt.

4. Sankt Martin, Sankt Martin,
Sankt Martin gibt den Halben still,
Der Bettler rasch ihm danken will.
Sankt Martin aber ritt in Eil
hinweg mit seinem Mantelteil.

Text und Melodie: Volksgut
aus dem Rheinland

Quellennachweis

Die Texte oder Melodien auf den mit Ziffern indizierten Seiten entstammen den folgenden Quellen.

20 Aus: Für Kinder, kleines Lichtlein leuchte, Lieder zum Verschenken. Impulse-Musikverlag. Drensteinfurt 1994

21 Impulse-Musikverlag. Drensteinfurt

34 *Guggenmos, Josef:* Ich will dir was verraten. Beltz Verlag. Weinheim und Basel, Programm Beltz & Gelberg. Weinheim 1992

45 *Klein, Richard Rudolf:* Das Liedernest. Band 1. Fidula-Verlag. Boppard/Rhein und Salzburg

46 *Riedel, Franz Xaver / Schweiggert, Alfons:* Das große Feste- und Feierbuch. Auer Verlag. Donauwörth 1990

67 *Lagerlöf, Selma:* Christuslegenden. Nymphenburger Verlag in der F. A. Herbig Verlagsbuchhandlung GmbH. München 1948

77 *Bolliger, Max:* Weißt du, warum wir lachen oder weinen? © Max Bolliger. Weesen Schweiz

83 *Zavrel, Stepan:* Sie folgen dem Stern. © Stepan Zavrel. Sarmede/Treviso, Italien

87 *Bull, Bruno Horst:* Im Karneval. Bertelsmann Verlag. München

90 *Wilke, Karola / Stumme, Wolfgang*: Das singende Jahr. Möseler Verlag, Wolfenbüttel

97 *Aus:* Biblische Spiellieder zum Misereor-Hungertuch aus Haiti. Impulse-Musikverlag. Drensteinfurt 1979

98 *Aus:* Biblische Spiellieder zum äthiopischen Misereor-Hungertuch. Impulse-Musikverlag. Drensteinfurt 1979

100 *Wölfel, Ursula:* Achtundzwanzig Lachgeschichten. © K. Thienemanns Verlag. Stuttgart−Wien−Bern 1969

106 *Krenzer, Rolf:* Regenbogen bunt und schön. Verlag Ernst Kaufmann. Lahr 1981

109 *Krenzer, Rolf:* Regenbogen bunt und schön. Verlag Ernst Kaufmann. Lahr 1981

113 *Guggenmos, Josef:* Was denkt die Maus am Donnerstag. © Deutscher Taschenbuchverlag Verlag. München 1996

114 *Krenzer, Rolf:* Regenbogen bunt und schön. Verlag Ernst Kaufmann. Lahr 1981

119 *Riedel, Franz Xaver / Schweiggert, Alfons*: Das große Feste- und Feierbuch. Auer Verlag. Donauwörth 1990

120 *Lorenz, Gertrud:* Singen und Spielen. Verlag Konrad Wittwer. Stuttgart 1988

131 Aus: Alle Knospen springen auf. Impulse-Musikverlag. Drensteinfurt

134 *Zöpfl, Helmut:* Die schönsten Kindergedichte. Ludwig Verlag. München 1979

137 Aus: Biblische Spiellieder zum äthiopischen Misereor-Hungertuch. Impulse-Musikverlag. Drensteinfurt 1979

139 *Riedel, Franz Xaver / Schweiggert, Alfons:* Das große Feste- und Feierbuch. Auer Verlag. Donauwörth 1990

141 *Bairlein, Sigrid / Junker, Christel / Reichgeld, Manfred:* Herbst in der Grundschule. Prögel Praxis Band 160. Oldenbourg Verlag. München 1991

155 *Krenzer, Rolf / Janssens Peter:* Kommt alle und seid froh. Peter Janssens Musik Verlag. Telgte 1982

Den genannten Verlagen und Autoren danken wir für die freundliche Erteilung der Abdruckgenehmigung. Der Quellennachweis wurde nach bestem Wissen und Gewissen erstellt. Sollten trotzdem Urheberrechte übersehen worden sein, geschah dies ohne Absicht. Der Verlag ist selbstverständlich zu einer Nachhonorierung bereit. Der Quellenvermerk in der zweiten Auflage wird dann entsprechend ergänzt werden.

Die Autorin

Gertud Weidinger beschäftigt sich sowohl beruflich als auch in ihrem Privatleben intensiv mit der phantasievollen Pflege und kreativen Weiterentwicklung christlicher Bräuche. Ihre Erfahrungen lässt sie als Grundschullehrerin in die Ausgestaltung des Schullebens einfließen und gibt sie in Fortbildungen an Lehrer und pädagogisch-verantwortliche Personen in der Gemeindearbeit weiter. Als Autorin befasst sich Gertrud Weidinger auch in zahlreichen Büchern mit pädagogischen und christlichen Themen.

Impressum

Weltbild Buchverlag
© 1998 Weltbild Verlag GmbH, Augsburg
Alle Rechte vorbehalten

Redaktion: Dr. Hermann Ehmann
Layout, DTP/Satz: AVAK Publikationsdesign, München
Umschlag: Michael Keller, München
Notengrafik: Werner Eickhoff, Freiburg
Illustrationen: Irmtrud Fürst, Augsburg
Druck und Bindung: Neue Stalling, Oldenburg
Reproduktion: Fotolito Longo, Bozen − PHG, München

Gedruckt auf chlorfrei gebleichtem Papier

Printed in Germany

ISBN 3-89604-457-5

Wo steht was?